KB253140

나를 바꾸는 여섯 가지 창조

찾아라

내 안의 또 다른 나

Creativity: Unleashing the Forces Within

찾아라

내 안의 또 다른 나

오쇼 라즈니쉬 지음 | 윤구용 옮김

창조 : 찾아라 내 안의 또 다른 나

펴 낸 날 | 2006년 5월 24일 초판 1쇄
2026년 2월 27일 개정판 1쇄

지 은 이 | 오쇼 라즈니쉬
옮 긴 이 | 윤구용
펴 낸 이 | 이태권
펴 낸 곳 | 태일출판사
서울특별시 성북구 성북로5길 12 소담빌딩 301호 (우) 02880
전화 | 02-745-8566   팩스 | 02-747-3238
등록번호 | 1979년 11월 14일 제6-58호
e - mail | sodambooks@naver.com
홈페이지 | www.dreamsodam.co.kr

ISBN 979-11-6027-485-1 (04150)
979-11-6027-484-4 (세트)

- 책값은 뒤표지에 있습니다.
- 잘못된 책은 구입하신 곳에서 교환해드립니다.

창조적인 사람은 대상을 꿰뚫어 볼 수 있는 사람이요

그 누구도 볼 수 없었던 것을 보는 사람이요

그 누구도 들을 수 없었던 것을 듣는 사람이다.

그런 사람만이 진정한 창조자이다.

| 차 례 |

창조는 존재계에서 더없이 위대한 반역이다. 창조를 알고 싶은 사람은 모든 조건화를 벗어던져야 한다. 그렇지 않은 창조 행위는 흉내나 모방일 뿐이다. 군중의 일원으로서는 결코 창조 행위를 할 수 없다. 참다운 개인만이 창조를 할 수 있다. 군중심리는 비창조적이다. 군중심리를 따라가는 사람은 삶을 질질 끌고 간다. 춤도 모르고 노래도 모르며 기쁨도 모른다. 그는 기계적이다.

창조적인 사람은 이미 다져진 길을 따라가지 않는다. 그는 인생이란 밀림 속에서 자신만의 길을 찾아간다. 그는 집단의식 속에서 사는 군중을 빠져나와 홀로 길을 간다. 집단의식은 세상에서 가장 낮은 차원의 의식이다. 바보의 의식도 집단의식보다는 낮다. 집단의식 속에서 사는 사람들은 '집단주의 방식이 최고'라고 믿는 사람을 존경한다.

과거에 화가와 무용가, 음악가, 시인, 조각가 등의 예술가들은 명예를 포기해야 했다. 과거의 예술가들은 방랑하는 보헤미안의 삶을 살 수밖에 없었다. 창작예술을 하려면 그 수밖에는 없었기 때문이다. 하지만 미래에는 그럴 필요가 없다. 그대가 나를 제대로 이해한다면, 나의 말 속에 담긴 진리를 알아차린다면 미래에는 모두가 보헤미안의 삶을 살 필요가 없을 뿐 아니라, 모두가 개인적으로 자유로운 삶을 살 수 있다.

보헤미안의 삶은 전통적이고 인습적이며 정형화된 생활환경 때문에 나타난 것이다. 이런 집단의식을 부수고 모든 사람으로 하여금 자유로운 개인이 되도록 하는 것, 이것이 내가 하는 일이다. 그대가 자유로운 개인으로 살 수 있다면 모든 문제는 사라진다. 그때 그대는 자신이 살고 싶은 대로 살 수 있다. 반역의 삶을 사는 사람이 존경받을 때 참된 인간이 태어날 것이다. 참된 인간은 아직 태어나지 않았다. 아직도 자궁 속에 있다. 모든 개인에게 온전한 자유를 부여하지 않으면, 자신이 느끼는 대로 살 수 있는 절대 자유를 부여하지 않으면 참된 인간이 탄생하지 못할 것이다. 물론 타인의 자유를 침해해서는 안 될 것이다. 그것 역시 자유의 일부분이다. 자유란 타인의 자유를 침범하지 않는 자유를 말한다.

그러나 과거 사람들은 타인의 일에 사사건건 간섭했다. 집단이나 사회와는 아무런 관련 없는 완전히 개인적인 일까지 간섭했다. 그대가 어떤 여인과 사랑에 빠졌다고 해보자. 그대의 사랑이 사회와 무슨 관련이 있겠는가? 그것은 완전히 개인적인 영역이다. 두 사람이 사랑을 하면 사회는 그 일에 절대로 끼어들어서는 안 된다. 그러나 사회는 수많은 방법을 간접적으로 동원하여 개인의 사랑을 간섭한다. 두 연인 사이에 경찰이 끼어들고 판사가 끼어든다. 그것도 여의치 않으면 슈퍼 경찰을 들이민다. 신이 그것이다.

신이란 열쇠 구멍으로 그대의 사생활을 엿보는 감시자이다. 이것은 추하다! 세상의 모든 종교는 너나없이 "신이 계속 그대를 지켜보고 있다."고 가르친다. 이는 추한 행위이다. 무슨 신이 이렇단 말인가? 세상의 모든 사람들을 따라다니며 그들의 사생활을 지켜보는 일 말고 신에게는 다른 할 일이 없단 말인가? 사설탐정이 따로 없는 것 같다!

인류에게는 새로운 명이 필요하다. 자유의 토양이 필요하다. 보헤미안의 삶은 어쩔 수 없는 반항이었다. 하지만 나의 비전이 이루어진다면 더 이상 보헤미안 방식의 삶은 필요 없을 것이다. 사람들을 지배하려고 하는 집단의식이 사라질 것이기 때문이다. 그때는 모든 사람이 자유롭게 살 것이다. 물론 타인의 영역을 방해해서는 안 될 것이다. 그대는 그대의 영역에서 자유로운 삶을 살면 될 것이다. 모두가 그렇게 살 때 진정한 창조성이 드러날 것이다. 창조성은 개인의 자유에서 우러나오는 향기가 될 것이다.

캔버스를 준비하라

창조는 항상 저 너머의 세계에서 흘러나온다. 그대가 창조를 하면 그것은 평범하고 세속적인 것이 된다. 창조가 그대를 통해 나오면 그것은 빛나는 아름다움으로 승화하여 미지의 아름다움을 드러낸다. 그대가 행동하는 것이 아니라 그대는 하나의 통로가 된다.

심신의 병이 없어지기만 하면 모든 사람이 창조자가 될 수 있다. 파괴는 병든 사람에게만 나올 뿐이다. 이를 깊이 이해하라. 건강한 사람은 모두 창조적이다. 창조는 건강한 사람에게서 우러나오는 향기이다. 진정으로 그대가 건강하고 전체적 사람이 되면 창조의 능력이 나오는 것은 물론, 창조하고 싶은 열망이 나온다.

심신의 병이 없어지기만 하면 모든 사람이 창조자가 될 수 있다. 파괴는 병든 사람에게만 나올 뿐이다. 이를 깊이 이해하라. 건강한 사람은 모두 창조적이다. 창조는 건강한

세 가지 C

인류는 현재 교차로에 와 있다. 지금까지 인류는 일차원적인 삶을 살았다. 그리고 그런 삶을 모두 소진했다. 이제는 보다 풍요로운 삼차원적인 삶이 필요하다. 나는 이것을 세 가지 C three C로 이름한다. 세 가지 C는 의식Consciousness과 자비Compassion와 창조Creativity를 말한다.

의식은 존재요, 자비는 느낌이며, 창조는 행위이다. 내가 보는 신인간은 이들 세 가지를 동시에 갖춘 사람이다. 그러므로 내가 그대에게 요구하는 도전은 더없이 위대하면서 동시에 더없이 힘든 일이다. 그대는 붓다처럼 명상적이고 크리슈나Krishna, 힌두교 신화에서 비슈누의 화신이라고 여겨지는 신_역주처럼 사랑스러우며 미켈란젤로와 레오나르도 다빈치처럼 창조적이어야 한다. 그대는 동시에 의식과 자비와 창조의 사람이 되어야 한다. 그럴 때라야 그대는 전체성을 성취할 수 있다. 그렇지 않으면 그대는 항상 뭔가를 놓칠 수밖에 없다. 그래서 그대의 존재는 한쪽으로 기울어질 것이다. 일차원적으로 사는 사람은 하나의 정상에 오를 뿐이다. 하지만 나는 그대가 히말라야 최고봉들에 오를 수 있기를 바란다. 하나의 정상이 아니라 무수한 정상에 오르길 바란다.

일차원적인 삶은 완전히 실패했다. 그런 삶은 세상을 아름답게 만들지도, 천국으로 만들지도 못했다. 이렇게 일차원적인 삶은 실패했다. 그것도 완전히 실패했다! 소수의 아름다운 사람들을 만들기는 했지만 인류 전체를 변형시키지도, 인류 의식을 상승시키지도 못했다. 그저 소수의 사람들만이 여기저기에서 깨달았을 뿐이다. 이제 더 이상 그렇게 해서는 안 된다. 지금 우리에게는 수많은 각자覺者들이 필요하다. 삼차원적으로 깨달은 각자들이 필요하다. 이런 각자들이 곧 내가 꿈꾸는 신인간들이다.

고타마 붓다는 시인이 아니었다. 하지만 미래의 깨달은 신인간들은 시인이 될 것이다. '시인'이 된다고 해서 꼭 시를 쓰는 사람이 된다는 말이 아니다. 그들의 삶이 시가 되고 그들의 생활이 시가 될 것이란 말이다.

논리는 무미건조하다. 하지만 시는 생동감 있게 살아 있다. 논리적인 사람은 춤을 추지 못한다. 논리적인 사람이 춤을 춘다는 것은 불가능하다. 논리적인 사람이 춤추는 것을 보려면 마하트마 간디가 춤추는 장면을 상상해 보면 될 것이다. 참으로 우스꽝스런 장면이 될 것이다. 시적인 사람은 춤을 출 수 있다. 사실 시적인 사람의 가슴 자체가 춤이다. 그러나 논리는 사랑을 모른다. 사랑을 논할 수는 있으나 사랑을 할 수는 없다. 사랑은 비논리적이다. 오직 시적인 사람만이 사랑을 할 수 있다. 오직 시적인 사람만이 사랑의 역설 속으로 뛰어들 수 있다.

논리는 차갑다. 그것도 아주 차갑다. 수학의 세계에서 논리는 훌륭하다. 하지만 인성의 세계에서 논리는 훌륭하지 않다. 사람이 너무 논리적이면 그의 인성은 사라지고 말 것이다. 인간은 사라지고 숫자만이 남을 것이다.

시와 사람, 느낌 등은 그대에게 따뜻함과 깊이를 알게 해준다. 논리의 차가움이 사라지고 가슴의 따뜻함이 드러난다. 보다 인간적인 사람이 된다. 붓다는 초인이다. 거기에는 반론의 여지가 없다. 하지만 불행하게도 그에게는 인간적인 차원을 찾아볼 수 없다 그는 탈속脫俗의 사람이다. 그래서 붓다에게는 탈속의 아름다움이 있지만 '그리스인 조르바'Zorba the Greek, 니코스 카잔차키스(Nikos Kazantzakis)의 소설 『그리스인 조르바』 속에 나오는 주인공. 그는 머리와 논리로 살지 않고 가슴으로 '지금 여기'의 삶을 누렸음_역주의 아름다움이 없다. 조르바는 대단히 세속적이다. 나는 그대가 분리되기를 원하지 않는다. 나는 그대가 '조르바 붓다Zorba the Buddha'가 되길 바란다. 명상적이면서 동시에 느낌을 소중히 여기는 사람이 되길 바란다. 그대는 명상적이면서 동시에 느낌과 사랑으로 넘쳐흐를 줄 알아야 한다. 창조적이어야 한다. 그대의 사랑이 행동으로 표현되지 않고 느낌으로만 남는다면 그 사랑은 아무것도 전달하지 못한다. 사랑은 현실 속에서 표현하고 드러내야 하는 것이다.

존재와 느낌과 행위, 이들이 인간의 세 차원이다. 우리는 '행위'를 통하여 모든 형태의 창조를 표현한다. 음악과 시, 회화, 조각, 건축, 과학, 기술 등의 모든 창조를 행위를 통해 표현한다. '느낌'을 통해서는 사랑과 미학 등 모든 아름다운 것이 표현된다. '존재'에서는 명상과 각성과 의식이 흘러넘친다.

행위와 이완

먼저 행위의 본질과 그 저변에 숨겨진 흐름을 이해해야 한다. 그렇지 않으면 이완은 기능하지 않는다. 설사 이완을 하고 싶다 해도 자신의 행위와 그 본질을 관찰하고 지켜보고 깨닫지 않으면 이완은 불가능하다. 인간의 행위란 그렇게 간단한 현상이 아니기 때문이다. 많은 사람이 이완을 하고 싶어도 하지 못한다. 이완이란 꽃이 피어나는 현상과 같다. 그래서 억지로 이완을 하고자 해서는 안 된다. 왜 그렇게도 자신이 행위 속에 빠져 있는지, 왜 그렇게도 바쁜지를 이해해야 한다. 행위의 전체를 이해해야 한다.

'행동'과 '행위'의 차이를 알라. 행동과 행위는 같은 말이 아니다. 사실 행동과 행위는 정반대이다. 행동은 상황이 요구할 때 자연스럽게 반응하는 것이다. 그러나 행위는 상황과 관계없이 나온다. 행위는 자연스런 반응이 아니다. 행위는 불안한 마음에서 나온다. 상황은 하나의 구실에 불과하다.

행동은 고요한 마음에서 나온다. 이런 행동은 더없이 아름다운 것이다. 하지만 행위는 불안한 마음에서 나온다. 이런 행위는 더없이 추하다. 행동은 상황이 요구하는 것이지만 행위는 상황이 요구하는 것이 아니다. 행동은 순간순간 자발적으로 반응하지만 행위는 무거운 과거에서 나온다. 행위는 현재의 순간에 반응하지 못한다. 그저 과거에서 오는 불안한 내면을 현재에 투사할 뿐이다. 행동은 창조적이다. 행위는 파괴적이다. 행위는 자신을 파괴하고 나아가서 타인을 파괴한다.

둘 사이의 미묘한 차이를 보라. 예를 들어 그대는 배가 고프면 밥을 먹는다. 이것은 행동이다. 하지만 배가 부른데도 계속 먹는다면 이것은 행위가 된다. 이것은 일종의 폭력이다. 폭력적으로 이를 놀려 음식을 파괴하는 것이다. 이렇게 하면 불안한 마음을 다소 해소할 수 있다. 하지만 이것은 배고파서 먹는 행위가 아니라 폭력 욕구의 해소를 위한 행위이다.

동물의 세계에서 폭력은 입과 발, 즉 이빨과 발톱에서 나온다. 동물은 이빨과 발톱으로 폭력을 행사한다. 사람이 식사를 할 때도 이 두 가지가 동시에 작용한다. 사람은 손으로 음식을 취해서 입으로 씹는다. 그렇게 하면 폭력성이 발산된다. 따라서 배고프지도 않은데 먹는 것은 '행동'이 아니라 병이다. 이런 행위는 일종의 강박증이다. 물론 배가 터질 때까지 먹을 수는 없는 노릇이다. 그래서 사람들은 트릭을 짜낸다. 껌을 씹거나 담배를 피우는 것이다. 이것들은 아무런 영양가가 없는 가짜 음식이지만 폭력을 발산시켜준다는 점에서 음식과 똑같은 역할을 한다.

가만히 앉아서 껌을 씹는 행위는 무엇을 하는 것인가? 어쩌면 이것은 사람을 죽이는 행위일 수도 있다. 속으로 미운 사람을 죽이는 장면을 공상하고 있을 수도 있다. 물론 껌을 씹는 행위 속에는 아무런 폭력이 없다. 그대의 껌 씹는 행위가 타인에게 해가 되는 것도 아니다. 하지만 자신이 왜 껌을 질경질경 씹는지 모르고 씹는다면 이것은 참으로 위험한 일이다. 또한 담배 피는 행위는 무엇을 하는 것인가? 담배 피는 행위 자체에는 아무런 폭력이 없다. 그저 담배를 꺼내 연기를 들이마신 다음 내뱉는, 일종의 병적인 프라나야마Pranayama, 요가의 조식(調息), 호흡을 통해 생명 에너지인 프라나를 조절하는 수련_역주, 혹은 일종의 세속적인 초월명상을 하는 것이리라. 그리고 만달라Mandala, 산스크리트어로 '원' 혹은 '원형'이라는 뜻. 우주를 상징하는 기하학적 도형을 뜻하기도 함_역주를 만드는 것이리라. 연기를 들이마시고 내뿜고 들이마시고 내뿜으면서 만달라를 만든다. 담배를 피면서 리드미컬하게 만트라Mantra, 진언眞言, 기도나 명상으로 염송하는 주문_역주을 염송한다. 그러면 마음이 가라앉는다. 불안함이 가라앉는다.

그대가 어떤 사람과 대화를 나누는데, 상대가 담배를 꺼내든다면 이것은 상대가 지루해하고 있음을 뜻한다. 이것은 거의 확실하다. 이럴 때는 무조건 상대를 떠나는 게 좋다. 상대는 그대를 벗어나고 싶어 하는 것이다. 그렇다고 말을 하거나 이를 실행에 옮기면 예의에 벗어나는 까닭에 담배를 꺼내드는 것이다. '자, 됐소! 그만합시다.' 그는 이런 말을 하고 싶은 것이다. 동물의 세계였다면 상대는 그대를 차버렸을 것이다. 하지만 사람이 사는 세상이다 보니 그렇게까지는 할 수 없는 노릇이다. 상대는 그대를 차버리는 대신에 담배를 꺼내든다. 그리고 담배를 피우며 더 이상 그대를 신경 쓰지 않고 자신만의 세계 속으로 들어가 흡연 만트라를 한다. 그러면 마음이 한결 나아진다. 하지만 이와 같은 행위는 행위자가 강박증에 걸려 있음을 뜻한다. 그대는 자기 자신에게 편안하지 못하다. 마음이 고요하지도 않다. 어떤 행위를 해야 직성이 풀린다. 계속, 그대는 행위를 통해 자신의 광기를 발산한다.

행동은 아름답다. 행동은 자연스런 반응이기 때문이다. 우리는 생활 속에서 반응을 해야 한다. 매 순간 행동을 해야 한다. 배가 고프면 먹을 걸 찾고 목이 마르면 물을 찾으며 졸리면 잠을 잔다. 이렇게 행동은 전체적인 몰입 속에서 나온다. 이렇게 행동은 자연스럽고 전체적이다.

그러나 행위는 자연스럽지 않다. 행위는 과거에서 오기 때문이다. 그대의 행위는 오랫동안 마음속에 묵혀 있다가 어느 순간, '펑' 하고 터져 나온다. 현재의 순간과는 아무런 관련 없이 말이다. 마음은 교활하다. 마음은 항상 행위를 합리화한다. 마음은 항상 '이것은 행위가 아니라 행동이다'는 것을 증명하려고 애쓴다. 어느 순간 갑자기 그대의 분노가 폭발한다. 모두가 그럴 만한 상황이 아님을 알지만 그대만이 모른다. 주변에 있는 모든 사람은 그럴 필요가 없는데 왜 갑자기 화를 내는지 이해하지 못한다. 하지만 그대는 화를 낼 수밖에 없다고 합리화한다. 이런 합리화 때문에 그대는 자신의 광기를 인식하지 못한다. 구제프(Gurdjief 1872-1949), 그리스계 아르메니아인으로 한때 인도와 티베트 등을 여행하면서 동양의 신비주의를 배웠으며 후에 동양의 신비주의를 서양에 널리 소개했음. 그의 저서로는 『위대한 사람들과의 만남(Meetings with Remarkable men)』, 『빌제붑이 손자에게 들려주는 이야기(Beelzebub's Tales to His Grandson)』 등이 있음_역주는 이를 '완충장치'라고 부르곤 했다. 그대의 광기가 드러날 때 그대는 합리화라는 완충장치를 만든다. 그래서 그대는 상황을 있는 그대로 보지 못하는 것이다. 사실 완충장치는 기차에서 사용되는 것이다. 우리는 객차와 객차 사이에 완충장치를 배치함으로써 기차가 갑자기 멈추었을 때 오는 충격을 흡수한다. 그대의 행위, 혹은 광기는 상황과 아무런 관련이 없지만 완충장치(자기 합리화) 때문에 상황을 정확히 인식하지 못한다. 완충장치는 그대의 눈을 멀게 한다. 그래서 그대는 무의식적으로 광기를 계속 표출한다.

이런 행위가 계속되는 한, 그대는 이완할 수 없다. 어떻게 이완할 수 있겠는가? 강박증 때문에 그대는 무엇인가를 해야만 한다. 세상에는 "아무것도 하지 않는 것보다는 그 무엇인가를 하는 게 낫다."고 말하는 바보들이 많다. 세상 어디에나 "텅 빈 마음은 악마가 일하는 곳이다."라는 속담을 외치는 우매한 사람들은 존재한다. 아니다. 텅 빈 마음은 악마가 일하는 곳이 아니라 신이 일하는 곳이다. 텅 빈 마음이야말로 세상에서 가장 아름다운 것이요, 가장 순수한 것이다. 텅 빈 마음속에서 어떻게 악마가 일을 할 수 있단 말인가? 악마는 텅 빈 마음속으로 들어올 수 없다. 그것은 불가능하다! 악마는 행위에 사로잡힌 마음속으로만 들어올 수 있을 뿐이다. 일단 악마가 들어오면 악마는 그대를 지배하기 시작한다. 그대에게 보다 많은 행위를 할 수 있는 길과 방법과 수단을 일러준다. "이완하라."고 말하는 악마는 없다. 악마는 항상 이렇게 말한다.

"왜 시간을 허비하는가? 뭔가를 하라. 인생이란 속절없이 지나간다. 그러므로 뭔가를 해야 한다."

하지만 인생의 진리를 깨달은 모든 스승들은 이렇게 말한다.

"텅 빈 마음이야말로 신성으로 들어가는 문이다."

행위는 결코 텅 빈 마음에서 나오지 않는다. 행위는 악마에게서 올 뿐이다. 어떻게 악마가 텅 빈 마음을 이용할 수 있겠는가? 악마는 텅 빈 마음으로 들어오면 죽어야 한다. 그래서 악마는 감히 텅 빈 마음속으로 들어가려 하지 않는다. 행위의 충동에 사로잡힌 사람은 악마의 지배를 받을 수밖에 없다. 그때 그는 악마가 지시하는 길을 간다. 악마가 이끄는 대로 간다. 그러므로 앞에서 말한 속담은 완전히 틀리다. 어쩌면 악마가 전해준 속담일지도 모를 일이다.

마음속에서 일어나는 행위의 강박증을 지켜보라. 생활 속에서 일어나는 강박증을 지켜보라. '행위는 상황에 적절하지도, 필요하지도 않음'을 스스로 지켜보지 않으면 내가 말하는 것은 아무런 의미가 없어진다. '나는 왜 행위를 하고 있는가'를 지켜보라.

나는 여행을 하면서 사람들이 같은 일을 끊임없이 반복하는 것을 무수히 보았다. 한번은 어떤 기차의 객실에서 한 승객과 같이 하루 종일 보낸 적이 있다. 그 승객은 달리 할 일이 없었던지, 같은 신문을 읽고 또 읽었다. 사실 기차의 객실 안에 갇혀 있으면 달리 행위를 할 게 없다. 나는 그 승객이 하는 일을 지켜보았다. 그는 수없이 계속해서 같은 신문을 읽고 또 읽었다.

신문은 기타Gita, 바가바드 기타(Bhagavad Gita), 대서사시 마하바라따(Mababharata) 가운데 제6권『비스마파르바』의 23-40장에 있는 철학적·종교적인 700구(句)의 시, 비슈누의 화신인 크리슈나가 동족상잔의 비극으로 비탄과 절망에 빠진 아르주나에게 인생의 환영과 의무를 가르치는 내용_역주나 성경 같은 게 아니다. 물론 기타를 되풀이해서 읽으면 매번 새로운 의미를 발견할 수 있다. 하지만 신문은 기타와 같은 게 아니다. 신문은 한 번 읽으면 그것으로 끝이다. 다시 읽는다고 해서 기타처럼 새로운 의미를 발견하는 게 아니다. 하지만 사람들은 같은 신문을 거듭거듭 다시 읽는다. 읽고 또 읽고, 그리고 또 읽는다. 왜 그래야 하는가? 왜 거듭해서 읽어야 하는가? 사실 거듭해서 읽어야 할 필요성은 전혀 없다. 사람들은 강박증에 사로잡힌 것이다. 뭔가를 해야만 하는 강박증 말이다. 그들은 아무것도 하지 않고는 편안하게 있지 못한다. 그건 불가능하다. 그건 거의 죽음 같은 일이다. 사람들은 끊임없이 뭔가를 해야 하는 것이다.

나는 오랫동안 여행을 하면서 많은 사람들의 행위를 지켜볼 수 있었다. 상대는 대부분 내가 지켜보는 것을 알아차리지 못했다. 한번은 단 둘이 같은 객차를 탄 적이 있다. 그 사람은 나와 얘기를 나누어보려고 무던히도 애썼다. 하지만 나는 '예', '아니오'로만 대답했다. 마침내 그는 나와 얘기해 보려던 생각을 접었다. 이후 나는 그가 하는 모양을 지켜보았다. 대단히 재미있는 무료공연이었다! 그가 여행 가방을 열었다. 하지만 그가 가방을 열어야 하는 이유는 특별히 없었다. 그는 안을 들여다보고는 가방을 닫았다. 그러고 나서 잠시 후 창문을 열었다가 닫았다. 그리고 신문을 읽다가 담배를 피우고 다시 여행 가방을 열고 가방 안을 정리하고 가방을 닫고, 다시 창문을 열고 밖을 내다보았다. 무엇이 그로 하여금 안절부절못하게 했는가? 그것은 잠시도 쉬지 못하는 내면의 강박증 때문이었다. 뭔가를 해야만 하는 충동이었다. 그래서 그 승객은 잠시도 쉬지 않고 뭔가를 해야 했다. 그는 사회에서 활동적인 사람이었을 것이다. 그래서 쉴 수 있는 기회가 왔음에도 불구하고 쉬지 못했던 것이다.

무갈Mughal, 16세기 전반에서 19세기 중엽까지 인도 지역을 통치한 이슬람 왕조(1526~1857)_역주 제국의 황제였던 아우랑제브Aurangzeb는 늙은 아버지, 샤자한Shah Jahan을 작은 궁전에 유폐했다고 한다. 샤자한은 그 유명한 타지마할Taj Mahal을 세운 황제로 아우랑제브의 자서전에 따르면 샤자한은 유폐된 작은 궁전에서 예전과 다름없는 호화로운 생활을 계속할 수 있었다고 한다. 자식에게 유폐가 되었다고는 하나, 그곳은 감옥 같은 곳이 전혀 아니었던 것이다. 샤자한은 예전과 다름없이 모든 것을 누릴 수 있었으나 딱 한 가지를 누리지 못했다. 그것은 '행위'였다. 그는 유폐가 된 상태에서 아무것도 자유롭게 할 수 없었다.

그래서 샤자한은 아들에게 이렇게 요청했다.

"좋다. 내게 주어진 모든 것에 만족한다. 소원이 하나 있다. 서른 명의 사내아이들을 보내줘라. 그들을 가르치고 싶다."

이 말을 전해들은 아우랑제브는 믿을 수 없었다.

'왜 아버지는 서른 명의 아이들을 가르치려고 하는 걸까?'

'이전에 아버지는 다른 사람을 가르치는 데에 아무런 관심이 없었다. 교육에 대한 별다른 관심도 보여주지 않았다. 그런데 왜 하필이면 지금 아이들을 가르치겠다고 하는 걸까?' 아우랑제브는 이렇게 생각하면서 아버지의 소원을 들어주었다. 샤자한의 처소에 서른 명의 아이들이 들어왔다. 그는 다시 황제가 되었다. 서른 명의 아이들을 다스리는 황제 말이다. 초등학교에 가보라. 선생은 거의 황제 노릇을 한다. 학생들에게 앉으라고 말하면 앉고 서라고 말하면 선다. 학생들은 선생의 지시를 그대로 따라한다. 샤자한은 서른 명의 학생들을 교실에 앉히고, 그 교실을 왕실로 만들었다. 백성에게 명령을 내리던 옛

습관, 마약과 같은 습관을 계속한 것이다.

심리학자들은 학교 선생들에게는 정치가의 심리가 있다고 추정한다. 정치판에 뛰어들 만한 자신이 없는 사람들은 학교 선생이 되어, 교실 안에서 대통령이 되고 수상이 되고 황제가 된다는 것이다. 선생은 어린 학생들에게 명령을 내리고 지시를 내린다. 또한 일부 심리학자들은 선생들에게 타인을 괴롭히는 사디스트적 성향이 있다고 추측한다. 사디스트적 성향을 표출하는 데 초등학교만큼 좋은 곳도 없다. 선생은 초등학교에서 어린 학생들을 괴롭힌다. 자기 마음대로 괴롭힌다. 한번 가서 보라! 나는 초등학교에서 선생들을 유심히 관찰해보았다. 심리학자들처럼 나도 확신한다. 초등학교 선생은 학생들을 고문한다. 초등학생들은 그야말로 무방비로 노출 된 먹잇감들이다. 어떠한 저항도 하지 못하는 먹잇감들이다. 아이들은 너무나 연약하고 무력하다. 그런 학생들 앞에서 선생은 황제처럼 군림한다. 아우랑제브는 자서전에서 이렇게 기록하고 있다.

"아직도 아버지는 습관처럼 황제 놀이를 하고 있었다. 놀이는 놀이일 뿐이므로 해로울 건 없다. 서른 명이든, 삼백 명이든 원하는 대로 학생들을 보내어, 아버지가 학교 안에서 황제 놀이를 계속하시도록 하는 것도 괜찮을 것이다."

행위란 주어진 상황과 아무런 관련 없이 하는 것이다. 행위를 할 때 자신의 모습을 지켜보라. 그대는 에너지의 90퍼센트를 행위에 낭비한다. 그래서 막상 행동의 순간이 찾아오면 에너지가 남아 있지 않다.

이완된 사람은 어떤 것도 강박적으로 집착하지 않는다. 그래서 에너지는 내면에서 축적된다. 자동적으로 축적된다. 그리하여 행동의 순간이 찾아오면 축적된 에너지가 행동으로 흘러간다. 그래서 이완된 사람의 행동은 항상 전체적이다. 그러나 행위는 항상 부분적이다. 그대는 '행위를 하면서 행동을 하고 있다'고 자신을 완벽하게 속일 수 없다. 그대 자신도 행위가 쓸모없는 것임을 안다. 그대 자신도 행위를 강박적으로 하고 있음을 안다.

그대는 행위의 종류를 바꿀 수 있다. 하지만 행위가 행동으로 변형되지 않는 한, 쓸모없는 일이다. 사람들은 내게 이렇게 묻는다.

"금연을 하고 싶습니다."

그러면 나는 이렇게 말한다.

"왜 금연을 하고 싶은가? 흡연은 훌륭한 초월명상이다. 계속하라."

그대는 흡연을 그만두면 다른 일을 시작할 것이다. 증상을 바꾼다고 질병이 바뀌는 게 아니다. 흡연을 멈추면 아마 손톱을 물어뜯거나 껌을 씹을지도 모른다. 사실 이들은 흡연보다 위험하다. 아마 그대는 껌을 씹으면서 '이것은 해로운 일이 아니야. 내게도 해롭지 않고 다른 사람에게도 해롭지 않아.'라고 생각할지 모른다. 하지만 껌을 씹는 것은 자신을 씹는 행위이다. 껌 씹는 행위를 그만두면 다음에는 무엇을 할 것인가? 그대의 입은 계속해서 폭력의 표출 행위를 필요로 한다. 껌 씹는 것을 그만두면 계속 이야기를 할 수도 있다. 끊임없이 '재잘재잘' 지껄이는 것이다. 이것은 한층 더 위험한 것이다!

일전에 물라 나스루딘Mulla Nasruddin, 이슬람 성직자 계통의 이름으로 오쇼가 농담을 위해 만든 가공의 인물_역주의 아내가 나를 찾아왔다. 그녀는 보통 때 나를 거의 찾아오지 않는다. 나는 그녀를 보고 둘 사이에 커다란 문제가 생겼음을 직감으로 알 수 있었다.

그래서 내가 물었다.

"무슨 일입니까?"

그녀는 무려 30분 동안 수많은 말을 늘어놓았다.

"남편의 잠꼬대가 심한데 어떻게 하면 좋을까요? 알려주세요. 어찌나 잠꼬대가 심한지 한방에서 자기가 어려워요. 소리를 지르지 않나, 욕을 해대지 않나."

그래서 내가 이렇게 말했다.

"다른 건 필요 없어요. 다만 낮에 남편이 하고 싶은 말을 할 수 있도록 충분한 기회를 주세요."

사람들은 쉴 새 없이 지껄인다. 자기 말만 할 뿐, 상대에게 말할 기회를 주지 않는다. 말은 흡연과 같은 것이다. 그대는 하루 종일 말을 한다. 진짜 그렇다! 깨어 있는 낮 시간에도 말을 할 뿐더러 잠자는 밤 시간에도 계속 말을 한다. 그대는 하루 종일 쉴 새 없이 지껄이고 또 지껄인다. 이것은 담배 피우는 것과 다를 바가 없다. 본질적인 면에서는 똑같다. 말을 하거나 담배를 피울 때 계속 입을 놀려야 하는 면에서 똑같다. 입을 움직이는 것이야말로 가장 근원적인 행위이다.

입을 움직이는 행위는 인간이 태어나서 처음으로 하는 행위이다.

아기가 태어나면 맨 처음 하는 행위는 엄마의 젖을 빠는 행위이다. 그래서 입의 움직임은 인간의 최초 행위요 근원적인 행위이다. 담배를 빠는 행위는 곧 젖을 빠는 행위와 다를 바 없다. 젖을 빨면 입 안으로 따뜻한 우유가 흘러 들어온다. 담배를 빨면 따뜻한 연기가 흘러 들어온다. 입술에 문 담배는 어머니의 젖꼭지와 같은 느낌을 준다. 흡연이나 껌 씹는 행위를 하지 못하게 하면 그대는 말을 하기 시작한다. 이것은 그대 마음속에 있는 쓰레기를 상대에게 퍼붓는 행위이다. 그래서 말은 흡연이나 껌보다 더 위험하다.

그대는 오랫동안 침묵할 수 있는가? 심리학자들에 따르면 '인간은 3주 동안 말을 하지 않으면 자기 자신에게 말을 하기 시작한다'고 한다. 자신을 두 쪽으로 나누는 것이다. 그래서 한 쪽이 말을 하고 다른 한 쪽이 말을 듣는다. 만약 어떤 사람에게 3달 동안 말을 하지 못하게 하면 그는 거의 돌아버린다. 이제 주위에 누가 있는지, 없는지에 구애받지 않는다. 그는 혼자 말을 한다. 말을 할 뿐 아니라 혼자 답을 하기도 한다. 이제 완전하다. 다른 사람은 필요 없다. 바로 이런 사람이 정신병자이다. 정신병자란 완전히 자기만의 세계에 빠져버린 사람을 말한다. 그는 말을 거는 사람임과 동시에 말을 듣는 사람이다. 그는 배우임과 동시에 관객이다. 그가 전부이다. 그가 온 세상이다. 그는 자신을 수많은 부분으로 나눈다. 그 안의 모든 것은 조각난다.

그래서 사람들은 침묵을 두려워한다. 사람들은 침묵을 견딜 수 없다는 사실을 너무나 잘 안다. 침묵을 두려워하는 사람은 내면이 병든 사람이요 강박증에 사로잡힌 사람이다. 끊임없이 행위를 하지 않으면 불안해하는 사람이다.

행위는 자기 자신으로부터의 도피이다. 행동 속에서 그대는 현존하나, 행위 속에서 그대는 도피한다. 행위는 일종의 마약이다. 행위 속에서 그대는 자아를 망각한다. 자아를 망각해야지 걱정도 불안도 고통도 없기 때문이다. 그래서 그대는 끊임없이 이것저것을 한다. 이런 내면에서는 무위無爲의 꽃이 피어날 수 없다.

행동은 건강한 것이요 행위는 병든 것이다. 행위는 무엇이고, 행동은 무엇인지, 둘 사이의 차이를 이해하라. 그것이 첫째 단계이다. 둘째 단계는 행동 속으로 좀 더 몰입해 들어가 에너지가 행동 속으로 흘러가게 하는 것이다. 자신이 행위를 하고 있다고 알아차릴 때는 언제나 좀 더 깨어서 지켜보라. 좀 더 깨어서 지켜보면 행위는 저절로 멈춘다. 에너지가 보존되어 행동으로 자연스럽게 표출된다. 행동은 즉석에서 나온다. 행동은 미리 꾸미거나 만들어 놓은 것이 아니다. 행동은 미리 적당한 준비를 하고 리허설을 할 수 있는 기회를 주지 않는다. 행동은 아침 이슬처럼 항상 새롭고 신선하다. 그래서 행동하는 사람은 항상 싱싱하고 활기차다. 그의 몸은 비록 늙을지라도 그의 싱싱함은 계속된다. 몸은 비록 죽을지라도 그의 싱싱함은 계속된다. 몸은 비록 사라질지 모르지만 그는 사라지지 않는다. 왜냐하면 신은 싱싱함을 사랑하기 때문이다. 신은 항상 새로움과 싱싱함을 사랑한다.

매일매일 행위를 놓으라. 어떻게 놓을 수 있는가? 그대는 다시 내려놓음을 또 다른 강박증으로 만들 수도 있다. 사원의 승려들에게 이런 현상이 나타난다. 그들에게는 행위를 내려놓으려는 노력이 또 다른 강박증이 된다. 그들은 행위를 내려놓기 위해 끊임없이 무엇인가를 한다. 기도를 하고 명상을 하며 요가를 하고 이것저것을 한다. 하지만 이것 또한 또 다른 행위이다. 그런 식으로 해서는 행위를 내려놓을 수 없다. 그런 식으로 하면 행위는 매번 뒷문으로 다시 들어오기 때문이다.

깨어 있어라! 행동과 행위의 차이를 이해하라. 그대가 행위에 사로잡히지 않도록, 마치 귀신에 사로잡히는 것처럼 행위에 사로잡히지 않도록. 사실 행위는 귀신이다. 행위는 과거에서 온다. 그래서 죽어 있다. 하여튼 자신이 행위에 사로잡혀 들떠 있음을 알아차릴 때는 좀 더 깨어 있으라. 그렇게 하면 된다. 그대의 행위를 지켜보라. 어쩔 수 없이 행위를 할 수밖에 없을 때도 완전히 깨어서 하라. 담배를 피울 때도 아주 천천히 깨어서 하라. 그리하여 자신이 무엇을 하고 있는지 하나하나 보도록 하라.

계속 담배를 피우는 자신의 모습을 지켜보면 어느 날 갑자기 담배가 손에서 떨어져 나간다. 계속 깨어서 지켜보면 담배를 피우는 어리석음이 그대로 드러나기 때문이다. 흡연은 우둔한 행위이다. 멍청한 짓이다. 흡연의 본질을 깨달을 때 담배는 저절로 떨어져 나간다. 그대는 담배를 던져버릴 수 없다. 던지는 것도 행위이기 때문이다. 그래서 나는 나무에서 낙엽이 떨어지는 것처럼 담배도 저절로 떨어져 나갈 것이라고 말한다. 담배는 낙엽처럼 저절로 떨어져 나간다. 담배를 인위적으로 버리면 그대는 다른 식, 다른 형태로 담배를 다시 집어 든다.

내려놓으려고 하지 말라. 저절로 떨어져 나가게 하라. 행위를 내려놓으려고 억지로 노력하지 말라. 저절로 떨어져 나가도록 하라. 억지로 내려놓으려고 노력하면 그 노력이 다시 또 다른 형태의 행위가 되기 때문이다. 깨어서 지켜보라! 그러면 그대는 언젠가 기적적인 체험을 할 것이다. 행위가 아무런 흔적도 남기지 않고 저절로 떨어져 나가는, 그런 기적적인 체험을 할 것이다. 억지로 하면 흔적이 남고 자국이 남는다. 그렇게 마음속에 흔적이나 자국이 남으면 "난 30년 동안이나 피우던 담배를 끊었어."라고 자랑하고 다니게 된다. 그런 자랑은 또 다른 행위에 불과하다. 이제는 담배를 피우지 않고 담배를 끊임없이 이야기한다. 그렇게나 오랫동안 피우던 담배를 끊었다고. 그대의 입은 또 다른 행위를 한다. 거기에는 폭력이 숨어 있다.

그대가 진정으로 이해하면 행위는 저절로 떨어져 나간다. 하지만 "내가 그걸 내려놓았어."라고 자신을 내세우지 말라. 사실은 행위가 행위를 내려놓은 것이다. 저절로 떨어져 나간 것이다. 그대가 내려놓은 게 아니다. 그렇게 하면 에고는 강화되지 않는다. 그러면 행위는 행동으로 변화된다.

전체적으로 행동을 할 수 있는 기회가 올 때는 언제든지 주저하지 말고 행동하라. 좀 더 깨어서 행동하라. 그래서 행위가 저절로 떨어져 나가게 하라. 그러면 서서히 그대에게 변형이 찾아올 것이다. 시간이 필요하다. 모두에게는 자기 때가 있는 법이다. 그러므로 서두르지 말라.

틸로빠Tilopa, 11세기 신비가로, 붓다의 가르침을 인도에서 티베트에 전함_원주의 말을 들어보라.

몸으로 아무것도 하지 말고 편히 쉬라. 입을 다물고 침묵하라. 마음을 비우고 생각하지 말라.

"몸으로 아무것도 하지 말고 편히 쉬라."

자, 이제 이완이 무엇을 뜻하는지 알겠는가? 이완이란 그대에게 행위의 충동이 없음을 뜻한다. 이완은 죽은 사람처럼 누워 있는 것을 뜻하지 않는다. 그대는 죽은 사람처럼 누워 있는 걸 가장할 수 있을 뿐, 실제 죽은 사람처럼 누워 있을 수는 없다. 어떻게 죽은 사람처럼 누워 있을 수 있단 말인가? 그대는 엄연히 살아 있다. 때문에 그대는 그런 시늉을 할 수 있을 뿐이다. 그러나 이완은 행위의 충동이 사라졌을 때 찾아온다. 에너지가 요동하지 않고 존재의 집에 머문다. 상황이 변하면 그대는 행동을 한다. 그뿐이다. 그대는 행위의 구실을 찾지 않는다. 스스로에게 편안하다. 그래서 이완이란 존재의 집에 편히 머문다.

몇 년 전에 이런 책을 읽은 적이 있다. 책의 제목은 『이완을 해야만 한다You must relax』이다. 이것은 말도 안 되는 말이다. 세상에 이완을 해야만 한다라니! '해야만 한다'는 이완과 반대가 되는 말이다. 하지만 미국에서는 그런 책들이 팔린다. '해야만 하는' 것은 행위요 강박증이다. 무엇을 해야만 할 때 거기에는 강박증이 숨어 있다. 삶 속에서 진정한 것은 행동이지 행위가 아니다. 행위는 사람을 미치게 만들 뿐이다. "이완을 해야만 한다." 그렇게 하면 이완은 또 다른 강박증이 될 것이다. 그렇게 되면 그대는 이런 자세 저런 자세를 하고, 눕고, 발끝에서 머리끝까지 신체의 부위들에게 '이완하라'고 말하고 행위 하게 된다.

왜 무엇을 '해야만' 하는가? 이완은 해야만 한다는 마음을 품을 때 찾아온다. 이완이란 몸의 이완이나 마음의 이완을 뜻하지 않는다. 이완이란 존재 전체의 이완을 뜻하는 것이다.

그대는 너무 깊이 행위에 사로잡혀 있다. 그래서 지쳐 있다. 에너지가 고갈되어 있다. 메말라 있다. 그래서 에너지는 순환하지 않는다. 에너지의 통로들이 막혀 있다. 그대는 미친 상태에서 행위를 한다. 물론 모든 사람이 이완의 필요성을 느낀다. 그래서 매달 이완에 관한 책들이 쏟아져 나온다. 나는 이완에 관한 책을 읽고 이완을 체험한 사람은 한 사람도 보지 못했다. 사실 이완에 관한 책을 읽으면 마음이 가라앉는 게 아니라 더 분주하고 들뜨기 마련이다. 자신의 병, 자신의 강박증을 들여다볼 수 없게 만든다. 사실은 이완이 되지 않은 채, '나는 이완하고 있다'라는 착각을 하게 만든다. 그래서 결국 행위의 삶이 더욱 강하게 계속된다. 내면에는 언제든지 터질 수 있는 소란하고 분주한 마음이 그대로인데, 책에 나온 대로 '이완법'을 따라한다. 그렇게 해서는 진정으로 이완할 수 없다.

그대의 이완을 제대로 도와줄 수 있는 책은 존재하지 않는다. 그대는 이완의 책이 아니라 자신의 내면에 있는 존재를 읽어야 한다. 그래서 이완이 저절로 일어나야 한다. 이완이란 행위의 부재不在이다. 행위를 하지 않으면 되는 것이다. 굳이 히말라야에 갈 필요가 없다. 어떤 사람들은 이완을 하기 위해 진짜 히말라야로 간다. 왜 이완을 위해 히말라야까지 가야 하는가? 왜? 행동마저 내려놓으려고? 행동은 내려놓아야 할 대상이 아니다. 행동을 내려놓는 것은 삶 자체를 내려놓는다는 것을 뜻한다. 그대가 행동을 내려놓으면 이완이 찾아오는 게 아니라 죽음이 찾아온다. 히말라야에 가면 성자들을 만나볼 수 있다. 하지만 그들은 이완한 성자들이 아니라 죽은 성자들이다. 그들은 삶에서, 행동에서 도피했기 때문에 죽은 성자가 되었다.

이것은 상당히 미묘하다. 그래서 잘 이해해야 한다. 내려놓아야 할 대상은 행위이지 행동이 아니다. 사실 둘 다를 내려놓는 것은 쉽다. 그대는 둘 다를 내려놓고 히말라야로 도망칠 수 있다. 그것은 어렵지 않다. 혹은 이런 방법도 어렵지 않다. 계속 행위의 삶을 살면서 매일 아침저녁으로 몇 분 동안 억지로 '이완' 하려고 노력하는 것이다. 그대는 인간심리 구조의 복잡성을 이해하지 못한다. 이완은 하나의 상태이다. 때문에 이완은 억지로 노력할 수 있는 성질의 것이 아니다. 이완을 가로막고 있는 장애물이나 부정적인 마음을 내려놓으면 이완은 저절로 찾아오는 것이다.

그대는 잠자리에 들 때 무엇을 하는가? 잠자리에 들면서 무엇인가를 하면 불면증에 걸릴 것이다. 그대는 무엇을 하는가? 그대는 무엇을 하지 않는다. 그저 누워서 잠 속으로 빠져든다. 거기에는 특별한 행위가 없다. 만약 어떤 행위를 한다면 잠자는 것은 불가능할 것이다. 잠자기 위해 필요한 것은 일상생활과 마음의 활동을 멈추는 일이다. 그것뿐이다. 잠자기 위해 뭔가를 한다면 잠자는 것은 가능하지 않을 것이다. 따라서 잠자기 위해 특별한 행위는 전혀 필요하지 않다.

틸로빠는 말한다.

"몸으로 아무것도 하지 말고 편히 쉬라."

아무것도 하지 말라! 요가 자세도 필요 없으며, 신체를 꼬는 동작도 필요 없다.

"아무것도 하지 말라!"

모든 행위를 멈추라! 어떻게 하면 자연스럽게 행위를 멈출 수 있는가? 이해를 통해 행위를 멈출 수 있다. 이해만이 유일한 참 수행이다. 자신의 행위를 이해하도록 하라. 그러면 어느 순간 행위 중에 의식이 깨어나면서 행위가 저절로 멈출 것이다. 왜 자신이 행위를 하고 있는지 자각하면 행위는 자연스럽게 멈출 것이다. 그것이 바로 틸로빠가 "몸으로 아무것도 하지 말고 편히 쉬라."라고 말하는 의미이다.

이완이란 무엇인가? 이완이란 에너지가 어느 쪽으로도 움직이지 않는 상태를 말한다. 이완 속에서 에너지는 미래로도 과거로도 움직이지 않으며 그대와 더불어 거기에 존재한다. 그대는 고요한 에너지의 품속에, 그 따뜻함 속에 잠겨 있다. 이 순간이 모든 것이다. 다른 순간은 존재하지 않는다. 시간이 멈춘다. 그리고 이완이 찾아온다. 시간이 존재할 때는 이완이 찾아오지 않는다. 다만 시계가 서고 시간이 멈춘다. 이 순간이 전부이다. 다른 것을 바라지 않으며 다만 있는 그 자리를 누린다. 그리고 평범한 것들이 아름답게 변한다. 사실 아무것도 평범하지 않다. 그런 순간에는 모든 것이 비범해 보인다.

사람들은 내게 묻곤 한다.

"신을 믿으십니까?"

그러면 나는 이렇게 대답해준다.

"그렇소! 왜냐하면 삼라만상이 모두 존귀하기 때문이오. 하나의 사물 안에 깊은 의식이 없다면 그 사물이 어떻게 존재할 수 있겠소."

하찮은 미물이라 할지라도 그렇다. 이슬이 맺혀 있는 풀밭 위를 걸어간다. 이것을 전제적으로 느낀다. 풀의 촉감, 풀의 살결, 이슬의 청량감, 아침의 미풍, 떠오르는 해. 그 이상 무엇을 바란단 말인가? 무엇이 더 필요한가? 밤에 시원한 침대 시트 위에 누워 그 촉감을 느껴본다. 시트가 점점 따뜻해짐을 느껴본다. 그대는 어둠과 밤의 침묵에 감싸여 있다. 두 눈을 감고 자신을 느껴본다. 여기에 무엇이 더 필요한가? 그것만으로도 가슴 벅찬 것이다. 감사함이 내면 깊은 곳으로부터 올라온다. 바로 이것이 이완이다.

이완은 이 순간이 가슴 벅찬 상태를 말한다. 더 이상 아무것도 필요 없는 텅 빈 충만을 말한다. 더 이상 바랄 것도 없고 더 이상 꿈꿀 것도 없다. 그럴 때 에너지는 다른 곳으로 움직이지 않고 잔잔한 에너지 풀 Pool, 웅덩이 혹은 저수지_역주을 형성한다. 그대는 자신의 에너지 속으로 녹아든다. 이런 순간이 이완의 순간이다.

이완이란 몸이나 마음의 이완을 뜻하는 게 아니라 그대에게 속한 모든 존재의 이완을 뜻한다. 그래서 깨달은 붓다들은 항상 "욕망을 내려놓으라."고 말한다. 그들은 욕망이 있을 때 이완할 수 없음을 알았던 것이다. 붓다들은 항상 이렇게 말한다.

"지나간 것을 묻으라."

과거에 얽매이면 이완할 수 없기 때문이다. 또한 다른 붓다들은 이렇게 말한다.

"이 순간을 누려라."

예수도 이렇게 말한다.

"들의 백합화가 어떻게 자라는가 생각해보라. 수고도 아니 하고 길쌈도 아니 하느니라. 그러나 솔로몬의 모든 영광으로도 입은 것이 이 꽃 하나만 같지 못하였느니라. 들에 핀 백합화를 보라!"

예수는 지금 무엇을 말하고 있는가? 그는 지금 "이완하라."고 말하고 있다. 백합화는 꽃을 피우기 위해 수고를 하지 않는다. 자연은 필요한 모든 것을 부여한다. 예수는 말한다.

"새를 보라. 심지도 않고 거두지도 않고 창고에 모아들이지도 아니하되 너희 하나님께서 기르시나니 너희는 이것들보다 귀하지 아니하냐."

이것이 이완이다. 왜 그렇게도 미래를 걱정하는가? 들에 핀 백합화를 보라. 백합화를 생각해보라. 백합화가 돼라. 그리고 이완하라. 이완은 특별한 신체 자세를 요구하지 않는다. 이완이란 에너지의 전체적인 변형이다.

에너지에는 두 가지 차원이 있다. 하나는 동기를 가지고 어딘가로 움직이는 에너지이다. 여기가 아닌 다른 곳에 목표를 둔다. 지금 이 순간은 하나의 수단일 뿐이다. 성취해야 할 목표는 다른 어딘가에 있다. 이것이 에너지의 한 차원이다. 이것은 행위의 차원이요 목적지향적인 차원이다. 이 차원에서는 모든 것은 수단으로 전락한다. 어떻게 되었든 먼저 목표까지는 도달해야 한다. 그런 다음 쉴 것이다. 그러나 이런 유형의 에너지를 가진 사람은 결코 목표에 도달하지 못한다. 이런 유형의 사람은 현재의 순간을 항상 수단으로, 미래로 변화시키기 때문이다. 목표는 항상 수평선 어딘가에 있다. 그는 끊임없이 달린다. 하지만 수평선은 결코 자기 쪽으로 다가오지 않는다.

이와는 다른 에너지 차원이 있다. 이 차원에서 그대는 아무런 동기 없이 삶을 찬미한다. 목표는 바로 '지금 여기'이다. 목표는 결코 다른 데 있지 않다. 사실 그대 자신이 목표이다. 이 순간 이외에 다른 성취 대상은 존재하지 않는다. 들에 핀 백합화를 보라! 그대 자신이 목표가 될 때, 목표가 미래에 있지 않을 때, 아무것도 성취할 게 없을 때 그대는 '지금 여기'라는 목표를 찬미한다. 그대는 이미 성취했다. 목표는 이미 지금 여기에 있다. 이것이 이완이요 동기 없는 에너지이다.

그래서 나는 두 가지 유형의 사람이 있다고 본다. 목적을 지향하는 사람과 지금 여기를 찬미하는 사람. 목적을 지향하는 사람의 정신은 온전하지 않다. 그는 나날이 미쳐간다. 스스로 광기를 생산한다. 그러면 그 광기는 스스로 힘을 생산하여 더욱더 깊은 광기 속으로 들어간다. 그러다가 드디어 그는 광기 속에서 자아를 상실해버린다. 다른 유형의 사람은 결코 목적을 지향하지 않는다. 그는 아무것도 추구하지 않는다. 그는 다만 지금 여기를 찬미한다.

찬미하라! 이미 넘쳐흐르고 있다. 꽃이 피고 새들이 노래를 부르고 태양이 하늘에 걸려 있다. 이 모두를 찬미하라! 그대는 지금 숨을 쉬고 있고 살아 있고 의식이 있다. 이 모두를 찬미하라! 그럴 때 어느 순간 갑자기 그대는 이완을 한다. 거기에는 이면 긴장도 없고 어떤 고통도 없다. 고통의 에너지가 송두리째 감사의 에너지로 변화한다. 그대의 가슴이 깊은 감사함으로 고동친다. 이것이 기도이다. 가슴이 감사함으로 고동치는 것, 이것이 기도의 전부이다.

그러므로 몸으로 아무것도 하지 말고 편히 쉬라. 편히 쉬기 위해 아무것도 할 필요가 없다. 에너지의 움직임을 이해하면 된다. 에너지의 동기 없는 움직임을 이해하면 된다. 에너지는 그대로 흐른다. 목적을 향해 흐르지 않는다. 에너지는 찬미를 향해 흐른다. 에너지는 흐른다, 흘러넘친다.

춤추고 뛰고 달리는 어린아이에게 "어디 가니?" 하고 물어보라. 아이는 어디로 가지 않는다. 어린아이의 눈에는 물어보는 그대가 어리석어 보인다. 아이들은 항상 어른을 어리석은 사람이라고 생각한다. "어디 가니?" 이 얼마나 무의미한 질문인가! 정녕 어디로 갈 필요가 있는가? 그대의 질문은 무의미하다. 그래서 아이는 그대의 물음에 답을 할 수 없다. 아이는 어딘가로 목표를 향해 가지 않는다. 아이는 어깨를 으쓱해 보이고는 "아무 데도 가지 않아요."라고 말할 것이다. 그러면 목표 지향적인 사람은 이렇게 물을 것이다. "그럼 왜 달리는 거니?" 어른은 목적지가 분명히 존재할 때라야 달리기 때문이다. 그대가 가야 할 다른 곳은 존재하지 않는다. 여기가 전부다. 전 존재계는 바로 이 순간에 절정에 도달한다. 이 순간에 하나로 모인다. 전 존재계는 이미 이 순간 속으로 들어온다. 존재하는 모든 것은 바로 이 순간 속으로 들어온다. 지금 여기에. 어린아이들은 에너지를 그저 즐길 뿐이다. 자신의 에너지를 주체할 수 없어서. 그는 어딘가에 가기 위해 뛰지 않는다. 그는 자신의 에너지가 넘쳐흐르기 때문에 뛰는 것이다.

흘러넘치는 에너지 속에서 동기 없이 행동하라. 서로 나누라. 하지만 장사하지 말라. 거래하지도 말라. 자신이 가지고 있다는 이유만으로 그냥 주라. 받을 것을 기대하고 주지 말라. 받을 것을 기대하고 주면 불행해질 수밖에 없다. 모든 거래는 지옥으로 간다. 모든 장사치들, 모든 거래꾼들은 모두 지옥에 있다. 천국은 삶을 거래하는 이들을 위한 곳이 아니라 삶을 찬미하는 이들을 위한 곳이다.

"천국에서 천사들은 무엇을 하고 사는가?"

이것은 기독교 신학을 전공하는 많은 사람들이 던진 질문이다. 목적 지향적인 사람들이 이런 질문을 던진다.

"천국에서 천사들은 무엇을 하고 사는가?"

사실 천국에서는 아무런 할 일이 없는 것 같다. 어떤 사람이 에크하르트(Eckhart, Meister Johannes, 1260(?)~1327(?)), 중세 독일의 기독교 신비주의 사상가. 그의 사상에 따르면, 사람이 순수하게 신을 생각하고 자기를 벗어 버리면 마침내 신이 항상 마음에 나타나는데, 이것이 '영혼의 근지에 있어서의 신의 탄생'이며 신과 자기의 합일임_역주에게 물었다.

"천국에서 천사들은 무엇을 합니까?"

에크하르트는 이렇게 대답했다.

"당신은 참으로 모르는구려. 천국은 찬미하는 곳이오. 천국에서 천사들은 다른 일을 하는 게 아니라 다만 찬미하오. 생명의 영광과 광휘, 시, 꽃 피어남 등을 찬미하는 게요. 그들은 노래를 부르고 춤을 추며 찬미하오."

인간에게 행위란 어떤 목적이 있을 때만 의미를 갖는다. 때문에 질문을 던진 사람은 에크하르트의 대답에 만족하지 못했을 것이다.

행위는 목적 지향적이지만 행동은 목적 지향적이지 않다. 이 점을 명심하라. 행동이란 에너지의 흘러넘침이다. 행동은 어떤 준비나 리허설 없이 지금 이 순간에 흘러나오는 반응이다. 전 존재계가 그대를 만나고 대면하는 가운데 반응이 흘러나오는 것이다. 새들이 노래를 한다. 그대도 노래를 한다. 이것은 행위가 아니다. 어느 순간 갑자기 일어나는 것이다. 어느 순간 새들이 노래를 하고, 그에 따라 그대도 허밍을 하기 시작한다. 이것이 행동이다.

그대가 행위에 사로잡히지 않고 점점 행동 속으로 몰입하면 그대의 삶은 깊은 이완의 삶으로 바뀔 것이다. 그렇게 바뀌면 그대는 모든 일을 깊은 이완 속에서 하게 된다. 붓다는 결코 지치는 법이 없다. 왜 그런가? 그는 행위자가 아니기 때문이다. 그는 자신이 가지고 있는 모든 것을 아낌없이 준다. 넘쳐흐르는 것이다.

"몸으로 아무것도 하지 말고 편히 쉬라. 입을 다물고 침묵하라."

인간은 입에서부터 행위를 시작한다. 그래서 입을 잘 이해해야 한다. 그대는 입으로 근원적인 행위들을 시작한다. 사실 인간의 모든 행위는 입 주위에서 시작한다. 인간은 입으로 호흡을 하고 울고 엄마의 젖가슴을 더듬는다. 항상 인간의 입은 행위에 사로잡혀 있다. 그래서 틸로빠는 행위가 무엇인지, 행동이 무엇인지를 깨닫고 이완하고 입을 다물라고 말한다.

앉아서 고요히 명상에 잠길 때 그대는 먼저 입을 다문다. 입을 완전히 다물고 혀를 입천장에 댄다. 이렇게 좌선에 들어가기 전에 내가 말한 바를 잘 이해하라. 기계적으로 양 입술을 꼭 다물고 혀를 입천장에 댄다고 명상이 되는 게 아니다. 그것은 기계적인 노력일 뿐이다. 그대는 동상처럼 입을 꼭 다물고 앉아 있을 수 있다. 그렇게 한다고 행위가 멈춰지는 게 아니다. 마음 깊은 곳에서는 생각이 계속 지나간다. 생각이 계속 지나가면 그대의 입술은 미세하게 떨린다. 그 떨림이 대단히 미세해서 다른 사람은 알아보지 못한다. 하지만 그대가 생각을 계속하면 입술이 아주 미세하게 떨린다.

그대가 참으로 이완할 때 입술의 떨림이 멈춘다. 이때 내면에서는 어떠한 행위도 생각도 일어나지 않는다.

"입을 다물고 침묵하라."

그리고 생각하지 말라. 그래도 생각이 찾아올 것이다. 그때는 찾아오는 생각을 그대로 놔두어라. 왔다가 가도록 내버려두라. 걱정할 것 없다. 하지만 생각에 빠지지는 말라. 생각과 떨어져 초연하게 지켜보라. 서서히 그리고 자동적으로 생각들이 멀어져 간다. 생각은 그대의 도움 없이는 존재할 수 없다. 그대가 생각을 도와주면 생각이 떠오른다. 생각과 싸우는 행위 역시 생각을 도와주는 것이다. 그러므로 무심히 그저 지켜보라! 여기에 양 입술을 꼭 다물면 지켜봄이 보다 깊어질 수 있다.

내가 수많은 사람들을 관찰해본 바, 입을 다물기 전에 먼저 입을 할 수 있는 만큼 크고 넓게 벌리는 동작을 하는 것이 좋다. 입 주위가 아프다고 느껴질 정도로 입에 힘을 주어 두세 번 넓게 벌린다. 그렇게 하면 보다 긴 시간 동안 입을 편안하게 다물고 있을 수 있다. 고함을 지를 때처럼 입을 두세 번 크게 벌리고 난 다음, 큰 소리로 지버리쉬 Gibberish, 아무런 의미가 없는 소리 혹은 말_역주를 하라. 마음에 떠오르는 대로 지껄여라. 큰 소리로 재미있게 하라. 그런 다음 입을 다물라.

항상 원하는 상태의 반대 동작을 하면 보다 쉽게 원하는 상태로 들어갈 수 있다. 손을 이완하는 것을 예로 들어보자. 손을 이완하고 싶을 때는 먼저 가능한 한 세게 주먹을 쥔 다음 손을 펴보라. 그러면 손 부위의 깊은 이완감을 맛볼 수 있다. 이렇게 반대 동작을 하면 신경계가 보다 깊이 이완된다. 힘을 주어 얼굴을 찡그려보고 고개를 좌우로 비틀어보고 입을 세게 벌려도 본 다음, 2~3분 동안 지버리쉬를 하고 입을 다문다. 이렇게 반대 동작을 세게 하면 입과 입술의 깊은 이완감을 맛볼 수 있다. 그런 다음 입을 다물고 지켜보라. 그러면 침묵이 단비처럼 내려올 것이다.

침묵에는 두 가지가 있다. 하나는 자신에게 강요한 침묵이다. 이것은 아름다운 침묵이 아니다. 사실 일종의 폭력이다. 다른 하나는 밤이 내리듯 자연스럽게 내려오는 침묵이다. 이런 침묵은 위에서 내려와 그대를 감싸고돈다. 그대가 적절한 환경과 분위기만 만들면 침묵은 저절로 내려온다. 입을 다물고 지켜보라. 하지만 억지로 침묵하려고 노력하지는 말라. 자신에게 강요하는 침묵에는 아무런 가치가 없다. 그렇게 해보았자 내면에서는 더 많은 생각들이 끓어오른다. 억지로 침묵하려고 하지 말라. 그대는 상황만 조성하면 된다. 땅을 갈고 씨앗을 뿌린 다음, 편히 기다리라.

"마음을 비우고 생각을 하지 말라."

어떻게 하면 마음을 비울 수 있는가? 생각이 오면 지켜보기만 하라. 주의 깊게 지켜보라. 지켜봄은 수동적으로 해야 한다. 능동적으로 해서는 안 된다. 여기에는 미묘한 차이가 있다. 수동적인 지켜봄과 능동적인 지켜봄을 잘 이해해야 한다. 그렇지 않으면 그대의 지켜봄은 언제든지 빗나갈 수 있기 때문이다. 조금만 빗나가도 그대의 명상은 완전히 다른 것이 되어버릴 수 있다. 능동적으로 지켜보지 말고 수동적으로 지켜보라.

예를 들어 그대가 지금 여자 친구를 기다린다고 해보자. 그때 그대는 능동적으로 문밖을 지켜본다. 누군가 문밖을 지나가면 그대는 여자 친구가 왔나 보려고 뛰어나간다. 혹은 바람소리에도 여자 친구가 왔다고 착각할 수 있다. 그대는 계속해서 문밖으로 뛰어나간다. 그대의 마음은 능동적으로 들떠 있다. 이렇게 해서는 도움이 되지 않는다. 너무 적극적으로 들떠 있으면 그대는 내가 말하는 침묵을 체험할 수 없다.

수동적으로 하라. 강가에 앉아서 수동적으로 강물의 흐름을 지켜보라. 들뜬 마음을 내려놓으라. 그대를 강요하는 사람은 아무도 없다. 설사 그대가 놓친다 해도 그것은 진짜로 놓치는 게 아니다. 그저 지켜보라. 다만 바라보기만 하라. 사실 '지켜보다'란 말도 썩 좋은 말은 아니다. '지켜보다'는 말에는 능동적인 뉘앙스가 있기 때문이다. 아무것도 하지 말라. 그저 보기만 하라. 강가에 앉아 강물이 흘러가는 것을 보기만 하라. 혹은 하늘에 구름이 흘러가는 것을 보라. 수동적으로 보라. 이것이 핵심이다. 이를 잘 이해하고 넘어가야 한다. 왜냐하면 행위에 대한 강박증이 떠올라 조급하게 지켜볼 수 있기 때문이다. 그렇게 지켜보면 완전히 빗나가고 만다. 행위가 뒷문으로 다시 들어온다. 그러므로 수동적으로 지켜보라.

"마음을 비우고 생각을 하지 말라."

수동적으로 지켜보면 마음은 저절로 비워진다. 행위의 물결, 마음의 물결이 점차 가라앉고 아무런 물결도 일지 않는 순수의식이 드러난다. 침묵의 거울처럼 드러난다.

틸로빠는 계속해서 이렇게 말한다.

"텅 빈 대나무가 되어 편히 쉬라."

이것은 틸로빠가 우리에게 주는 특별한 방편이다. 스승에게는 깨달음을 성취한 특별한 방편이 있다. 스승은 그 방편으로 타인을 가르친다.

"텅 빈 대나무가 되어 편히 쉬라."

대나무의 안쪽은 그야말로 텅 비어 있다. 그대가 쉬고 싶을 때는 자신이 텅 빈 대나무가 되었다고 생각하라. 사실 그대의 몸도 속이 텅 빈 대나무와 다를 바 없다. 피부와 뼈와 살 등은 모두 대나무의 껍질에 해당한다. 그래서 그대의 내면은 텅 비어 있다. 모든 행위를 멈추고 입을 다물고 혀는 입천장에 대고, 아무것도 기다리지 않고 수동적으로 생각을 지켜보면서 텅 빈 대나무가 되었다고 느껴라. 그러면 갑자기 무한한 에너지가 쏟아진다. 내면은 미지와 신비와 신성으로 충만해진다. 텅 빈 대나무는 피리가 되고 신성이 이 피리를 연주하기 시작한다. 그대가 텅 비면 신성은 막힘없이 쏟아져 들어온다.

텅 빈 대나무가 되는 명상, 이것은 더없이 아름다운 명상이다. 시도

해보라. 다른 것은 할 필요가 없다. 다만 빈 대나무가 돼라. 그러면 필요한 모든 것이 일어난다. 갑자기 텅 비어 있음 속에 그 무엇이 내려온다. 그대는 자궁이 되고 그 자궁 속으로 새로운 생명이 잉태된다. 새로운 씨앗이 싹튼다. 그리고 빈 대나무마저 완전히 사라지는 순간이 온다.

"텅 빈 대나무가 되어 편히 쉬라."

있는 그대로 편히 쉬라. 영적인 것도 바라지 말고 천국도 바라지 말며 신마저도 바라지 말라. 신은 바란다고 찾을 수 있는 대상이 아니다. 신은 그대의 욕망이 완전히 사라졌을 때 내려온다. 해탈은 바람의 대상이 아니다. 모든 바람이란 그대를 옭아매는 속박이다. 그대의 욕망이 모두 사라졌을 때 그대는 해탈에 이른다. 불성 또한 바람의 대상이 아니다. 그대의 바람은 장애물일 뿐이다. 모든 장애물이 사라졌을 때 그대 안에서 붓다가 드러난다. 그대 안에는 이미 씨앗이 있다. 그대가 철저히 비워졌을 때 씨앗의 붓다가 드러난다. 잠자고 있던 씨앗이 폭발한다.

틸로빠는 말한다.

"속이 텅 빈 대나무가 되어 편히 쉬라. 주지도 받지도 말며 다만 마음을 편히 쉬라."

줄 것도 없고 받을 것도 없다. 모든 것이 있는 그대로가 좋다. 그래서 주고받음이 따로 필요 없다. 그대는 지금 있는 그대로 완벽하다.

이런 동양의 가르침은 서양에서 많이 곡해되었다. 서양에서는 이렇게 말한다.

"무슨 가르침이 이런가? 그런 가르침대로라면 사람들은 노력도 않고 아무런 발전도 없을 것이다. 자신의 성격을 좋은 쪽으로 변화시키려고도 하지 않고 사회를 개선시키려고도 하지 않을 것이다. 그러면 사회는 악한 세상이 되고 말 것이다."

서양에서는 '진보하라'가 슬로건이다. 이 세상에서든 저 세상에서든 끊임없이 자신을 진보시켜야 한다는 것이다. 어떻게 진보한다는 말인가? 어떻게 더 크고 더 위대해질 수 있단 말인가?

동양에서는 이 문제를 보다 깊게 들여다본다. 그래서 동양에서는 진보하려는 노력 자체가 장애물이라고 생각한다. 왜냐하면 그대 안에는 이미 완전한 존재가 있기 때문이다. 그러므로 그대는 다른 무엇이 될 필요가 없다. 다만 자신의 참 모습을 깨우치기만 하면 된다. 그대 안에 감추어진 참된 나를 깨닫기만 하면 된다. 진보하려는 노력 자체가 그대를 그릇된 길로 끌고 간다. 그래서 무엇을 진보시킨다고 해도 그대는 여전히 불안하고 고통스러울 뿐이다.

그대는 의미 있는 미래와 목적, 이상을 만든다. 그러면 그대의 마음은 욕망 덩어리가 된다. 하지만 무엇인가를 바라면 놓치게 되어 있다. 바라는 마음을 쉬고 무욕의 침묵이 돼라. 그리면 어느 순간 전혀 예기치 않게 찾아오는 침묵의 바다를 체험할 것이다. 그때 그대는 달마達摩. 6세기 초 인도에서 중국으로 건너와 선풍을 일으켜 중국 선종의 개조가 된 보디달마(菩提達磨)_역주처럼 호탕하게 웃을 것이다. 달마의 제자들은

"그대가 침묵에 들면 달마의 호탕한 웃음을 들을 수 있다."고 말한다. 달마는 아직도 웃고 있다. 그는 웃음을 멈춘 적이 없다. 달마는 말한다.

"이것은 더없는 농담이다. 그대가 되려고 노력하는 목표는 이미 그대 안에 있다. 그대가 이미 '그것'인데 어떻게 그대의 노력이 성공을 거둘 수 있겠는가? 실패는 불을 보듯 뻔하다. 그대가 이미 그것이다."

그래서 달마는 웃을 수밖에 없었다.

보디달마는 틸로빠와 동시대를 살았다. 그들은 서로를 알고 있었을 것이다. 직접 만났는지는 몰라도 서로의 존재를 인식하고 있었을 것이다. 틸로빠는 말한다.

"주지도 받지도 말며, 마음을 편히 쉬라. 마하무드라Mahamudra란 아무것도 집착하지 않는 마음이다."

집착을 놓았을 때 그대는 목표를 성취한다. 손에 아무것도 없을 때 그대는 성취한다.

"마하무드라란 아무것도 집착하지 않는 마음이다. 집착하지 않는 마음으로 수행하면 머지않아 불성을 깨닫는다."

참다운 수행이란 무엇인가? 점점 더 편히 쉬는 것이다. 점점 더 '지금 여기'에 있는 것이다. 점점 덜 행위하고 점점 더 행동하는 것이다. 점점 더 수동적으로 비워내고 비워내는 것이다. 점점 더 지켜보는 것이다. 아무것도 바라지 않고 아무것도 기대하지 않고 초연하게 지켜보는 것이다. 지금 있는 그대로의 자신과 더불어 행복해하는 것이다.

삶을 찬미하는 것이다. 그렇게 수행하다 보면 어느 순간 때가 무르익었을 때 그대는 붓다로 새롭게 피어난다.

자연과 하나 되어 행동하라

창조는 의식과 존재의 매우 역설적인 상태에서 나온다. 창조는 행함이 없이 행하는 것이다. 노자는 이를 무위라 했다. 무엇인가 그대를 통해 일어나도록 그대로 허용하는 것이다. 그것은 행위가 아니라 내맡김이다. 내맡김으로써 그대는 하나의 통로가 되고, 전 존재계가 그대를 통해 흐르게 하는 것이다. 텅 빈 대나무가 되는 것이다.

그대가 대나무처럼 텅 비워지면 그 무엇이 일어나기 시작한다. 그대 뒤에 숨어 있는 신이 드러나기 시작한다. 그대는 이 신이 드러날 수 있도록 길을 내어주고 통로가 되어주면 된다. 이것이 창조이다. 신이 드러나도록 내맡기는 것, 이것이 창조이다. 그러므로 창조야말로 종교적인 것이다.

그래서 나는 신학자보다 시인이, 시인보다 무용가가 신에 더 가까이 다가간 사람이라고 말한다. 철학자는 신과 가장 멀리 멀어진 사람이다. 왜냐하면 생각을 많이 하면 할수록 그대와 전체계The whole, 삼라만상의 전 존재계_역주 사이의 장벽은 더 두터워지기 때문이다. 생각이 많으면 많을수록 에고가 더 많이 존재한다. 에고는 다름 아닌 과거에 쌓인 생각의 총체이기 때문이다. 에고가 존재하지 않을 때 신이 존재한다. 여기에서 창조성이 흘러나온다.

창조를 한다함은 그대가 완전히 이완되어 있음을 뜻한다. 창조는 무기력을 뜻하는 게 아니라 이완을 뜻한다. 이완 속에서 행동들이 꽃피어날 수 있기 때문이다. 그대가 행동을 하는 게 아니라 그대는 하나의 통로가 된다. 노래가 그대라는 통로를 통해 흘러나온다. 그대가 노래를 창조하는 게 아니다. 노래는 그대 너머의 세계에서 흘러나온다. 창조는 항상 저 너머의 세계에서 흘러나온다. 그대가 창조를 하면 그것은 평범하고 세속적인 것이 된다. 창조가 그대를 통해 흘러나오면 그것은 빛나는 아름다움으로 승화하여 미지의 아름다움을 드러낸다.

위대한 시인이었던 콜리지(Coleridge, Samuel Taylor, 1772~1834), 영국 데번셔 출생. 사상의 편협한 구분을 뛰어넘은 박식한 탐구자로서 낭만주의의 대표적 시인이자 평론가. 저서로는 『늙은 선원의 노래』 『크블라 칸』 『크리스타벨』 등이 있음_역주는 수천의 미완성 작품을 유작으로 남겼다. 그는 일평생 이런 질문을 거듭해서 받았다.

"왜 시를 완성하지 않는 겁니까?"

콜리지는 한두 줄만 더 쓰면 수작으로 완성될 수 있는 시들을 미완성으로 남겨두곤 했다. 이런 질문에 대해 콜리지는 이렇게 답하곤 했다.

"완성할 수가 없습니다. 몇 차례 시도는 해보지만 완성을 해놓으면 무엇인가 아귀가 맞지 않거나 무엇인가 놓친 느낌이에요. 내가 쓴 구절은 나를 통해 흘러나온 시구들과 전혀 어울리지 않아요. 뭔가 흐름을 막는 걸림돌이 되고 말아요. 그래서 나는 기다릴 수밖에 없습니다. 나를 통해 흘러나오는 것이 시를 스스로 완성할 때까지 기다려야 합니다."

그가 완성한 시는 고작 몇 편에 불과하다. 완성된 콜리지의 시들은 찬란한 아름다움과 영롱한 신비의 빛을 발한다. 시인은 사라지고 창조만이 남을 때, 시는 그런 아름다움의 빛을 발한다. 시인은 사로잡힌 것이다. 신성에 사로잡힌 것이다. 신성에 사로잡힐 때 창조성이 나온다.

보부아르(Beauvoir, Simone de, 1908~1986), 프랑스 여류 소설가이자 평론가. 여성의 상황과 의식을 철저하게 추구한 획기적인 여성론『제2의 성 (1949)』을 저술, 편견과 싸우는 일관된 언론활동으로 20세기 후반 여성해방운동의 선구적 역할을 했음_역주는 이렇게 말했다.

"삶은 스스로를 영속시키려 하며 동시에 자신을 초월하려고 한다. 삶이 스스로를 유지하는 것이 전부라면 삶은 그저 죽지 않음에 불과하다."

창조할 줄 모르는 사람은 단지 죽지 않은 사람에 불과하다. 그의 삶에는 깊이가 없다. 그의 삶은 삶이 아니다. 아직 삶이 시작되지 않은 것이다. 그가 태어난 것은 사실이나 그는 살아 있지 않다.

그대가 창조적일 때, 그대를 통해 창조성이 흘러나오도록 내맡길 때, 그대를 통해 저 너머의 노래가 흘러나올 때 생명이 날개를 펼치고 날아오를 것이다. 그대는 이 창조성에다 사인을 하고 '내 것이야'라고 주장할 수 없다. 창조가 일어날 때 초월이 일어난다. 그렇게 창조가 흘러나오지 않는다면 그대는 겨우 자신을 연명시킬 수 있을 뿐이다. 그대가 아이를 낳는다. 하지만 이것은 창조의 행위가 아니다. 그대가 죽고 그대의 아이가 남아 연명할 것이다. 하지만 그대가 자신을 초월하지 않는 한, 생명을 연장하는 것에는 아무런 의미가 없다. 초월은 피안의 세계가 그대를 건드릴 때 일어난다. 초월은 이렇게 일어난다. 초월할 때 기적이 일어난다. 그대가 사라지면서 동시에 처음으로 참된 그대가 나타나는 기적이 일어난다.

본질적인 지혜란 자연과 하나가 되어 사는 것이다. 그것이 위대한 신비가들, 노자와 붓다, 바하우딘(Bahauddin, 1389년 사망), 수피 신비가. 본명은 바하우딘 샤(Bahauddin Shah)_역주, 승찬(僧璨, ?-606), 중국 선종의 제3조로서 중생이 본래 부처임을 밝힌 신심명(信心銘)을 지었음_역주, 사나이(Sanai, Hakim, ?-1150경), 잘랄루딘 루미의 제자로서 서정 시인이자 신비가_역주 등의 메시지이다. 동물은 자연과 더불어 무의식으로 산다. 하지만 인간은 자연과 더불어 깨인 의식으로 살아야 한다. 인간에게는 의식이 있기 때문이다. 인간은 자연과 하나 되는 삶을 선택하지 않으면 안 된다. 따라서 인간에게는 크나큰 책임이 있다.

인간에게는 책임이 있다. 오직 인간에게만 책임이 있다. 이것이야말로 인간의 위대함이다. 다른 동물들에게는 책임이 없다. 동물들은 다만 자연과 하나가 되어 산다. 기계적으로 그렇게 산다. 동물들은 자연을 이탈하여 살지 않는다. 그럴 수 없다. 동물들에게는 의식이 없기 때문이다. 동물들은 의식이 깊이 잠든 상태에서 산다.

그대도 깊이 잠든 상태에서는 자연과 하나 된다. 그래서 숙면을 취하고 나면 몸이 가뿐해지고 활력이 넘치는 것이다. 잠깐 동안이라도 한숨 푹 자고 나면 피곤과 권태가 깨끗하게 가시고 몸이 가벼워지고 힘이 넘치는 것이다. 숙면 속에서 자신의 근원과 하나가 되었기 때문이다.

동물은 잠 속에서 근원과 하나 된다. 이것이 동물이 근원과 하나가 되는 길이다. 동물은 수평적이며 인간은 수직적이다. 그대는 잠을 자려면 수평으로 누워야 한다. 수평으로 누웠을 때라야 잠 속으로 빠져들 수 있다. 수직으로 서 있는 상태에서는 잠들기가 매우 어렵다. 잠 속으로 빠져들려면 그대는 먼저 수백만 년 전의 동물 상태로 되돌아가야 한다. 땅과 나란하게 누웠을 때 의식을 잃고 책임감이 존재하지 않는 상태로 빠져드는 것이다.

프로이트가 환자의 정신분석을 위해 침상을 이용한 것은 바로 이런 요인 때문이었다. 침상은 환자를 위한 게 아니라 하나의 전략적 방법이었던 것이다. 환자는 수평으로 누우면 책임을 의식하지 않게 된다. 환자는 책임에서 완전히 자유롭지 않으면 무의식에 있는 것들을 뱉어내지 않는다. 수직적인 상태에서 책임을 의식하면 환자는 이것을 말할까 말까 계속 판단하게 된다. 자기 검열을 하는 것이다. 하지만 침상에 수평으로 누우면 갑자기 동물의 상태에서 책임을 의식하지 않게 된다. 그리고 어느 누구에게도 말하지 않은 사실들을 쏟아내기 시작한다. 무의식 깊은 곳에 있는 것들을 말하기 시작한다. 수평의 상태에서 무의식이 표면으로 떠오르는 것이다. 이것은 환자를 아이나 동물처럼 완전히 무방비 상태로 빠져들게 하는 프로이트의 전략적인 방법이었다.

그대는 인간으로서의 책임을 느낄 필요가 없을 때 자연의 상태로 돌아간다. 그래서 자연스럽게 이완을 유도하는 심리요법들이 사람들에게 많은 도움을 준다. 심리요법에서는 억압을 표면으로 드러내어 없앤다. 정신분석을 받은 환자는 마음이 가벼워지고 자연과 하나 되는 느낌을 받는다. 이런 느낌이 참 건강이다. 이것은 과거로 되돌아가는 퇴행의 방법이다. 무의식의 지하실로 내려가는 방법이다.

자신을 초월하는 데는 또 다른 길이 있다. 이것은 지하실로 내려가는 프로이트의 방법과는 달리 다락방으로 올라가는 방법이다. 이것이 붓다의 길이다. 이 붓다의 길에서는 잠든 의식으로 자아를 초월하는 게 아니라 깨어있는 의식으로 자아를 초월한다. 자연과 하나 되는 것, 우주의 리듬과 하나 되는 것, 이것이 지혜의 정수다. 우주의 리듬과 하나가 될 때 그대는 시인이 되고 화가가 되며 음악가가 되고 무용가가 된다.

해보라. 시간이 날 때면 나무 옆에 앉아 깨어서 자연과 하나가 돼라. 자연과 하나가 되어 호흡하라. 모든 경계가 녹아드는 것을 느낀다. 나무가 돼라. 풀이 돼라. 바람이 돼라. 그러면 어느 순간 이전에는 결코 체험한 적이 없는 것들이 일어나기 시작한다. 그대의 눈은 사물의 이면을 보기 시작한다. 나무가 더 푸르게 보이고 장미가 더욱 빨갛게 보이며 모든 사물이 빛을 발하는 것처럼 보인다. 갑자기 노래를 부르고 싶어진다. 어디에서 오는지 모를 노래가. 발이 춤을 추고 싶어 한다. 그대의 맥박이 춤을 느낀다. 안과 밖에서 음악이 울려온다.

이것이 창조의 상태이다. 자연과 하나가 되는 것, 생명과 하나가 되는 것, 우주와 하나 되는 것, 이것이 창조의 본질이다. 노자는 이를 무위라 했다. 이것은 '함이 없이 한다'는 말이다. 이를 '창조적인 고요'라 불러도 좋다. 이것은 서로 양립할 수 없을 것 같은 지고의 행위와 지고의 이완이 하나가 되는 상태를 말한다.

이것이 곧 창조의 역설이다. 그림 속에 몰입한 화가를 보라. 그는 열정적으로 움직인다. 미친 듯이 손과 몸을 놀린다. 또는 춤 속으로 빠진 무용가를 보라. 그는 온몸을 열정적으로 움직이지만 그의 깊은 이면을 보면 행위자는 없고 침묵만이 존재한다. 그래서 나는 창조를 역설의 상태라고 말하는 것이다. 아름다운 상태는 모두 역설적이다. 그대의 의식이 높이 올라갈수록 진리의 역설은 더욱 깊어진다. 지고의 행동과 지고의 이완. 표면에서는 엄청난 움직임이 일어나지만 이면에서는 아무것도 일어나지 않는다. 창조적인 고요는 지고한 행위이다. 이것은 개인적인 에고와 의도적인 노력이 사라지고 그대의 영혼이 피안에 귀의했을 때 흘러나오는 고귀한 유연성과 소박함, 자발성, 그리고 자유이다.

피안에 귀의하는 것이 곧 창조이다. 명상이 곧 창조이다. 에고가 사라짐으로써 그대 안의 상처가 사라진다. 그대는 치유되어 하나의 전체가 된다. 에고는 병이다. 에고가 사라져야 그대의 의식이 깨어나 흐를 수 있다. 존재계의 거대한 흐름과 하나 되어 흐를 수 있다.

웨이너Weiner는 이렇게 말했다.

"우리는 맹목적으로 사는 물질에 불과한 것이 아니라 스스로를 영속시키는 존재이며 영원히 흐르는 강의 물결과 같다."

이렇게 본다면 그대는 에고가 아니라 일어남이다. 끊임없이 진행되는 일어남이다. 그대는 하나의 고정된 사물이 아니라 끊임없이 움직이는 과정이다. 의식은 사물이 아니라 과정이다. 그런데 우리는 의식을 하나의 사물로 전락시켰다. 그대가 자신의 의식을 '나'라고 부르는 순간, 그대의 의식은 하나의 사물로 전락한다. 묶이고 고정되고 잠자고 정체되어 죽기 시작한다. 에고의 삶은 그대의 죽음이다. 에고의 죽음은 참다운 삶의 시작이다. 참다운 삶이 곧 창조이다.

그대는 창조를 배우기 위해 학교에 갈 필요가 없다. 그대에게 필요한 것은 내면으로 들어가 에고를 녹여내는 것이다. 에고에게 아무런 도움도 주지 말라. 에고를 강화시키지도 키우지도 말라. 에고만 존재하지 않으면 모든 것이 진리가 되고 아름다움이 된다. 모든 것이 선善이 된다. 그대가 피카소가 되거나 셰익스피어가 될 것이라는 말이 아니다. 어떤 사람은 화가가 되고 어떤 사람은 가수가 되고 또 어떤 사람은 음악가나 무용가가 될 것이다. 하지만 그대가 어떤 사람이 되느냐는 중요하지 않다. 중요한 것은 그대만의 방법으로 창조가가 되는 것이다. 그대는 요리사가 되어 창조적으로 요리를 할 수 있다. 청소부가 되어 창조적으로 청소할 수도 있다.

창조하는 사람에게는 권태란 있을 수 없다. 그대는 사소한 일도 창조적으로 한다. 청소도 기도가 되고 예배가 된다. 그래서 그대가 하는 것에서 창조의 맛이 우러나온다. 모두가 화가가 될 필요는 없다. 모두가 화가가 된다면 우리의 삶은 어려워질 것이다. 모두가 시인이 될 필요도 없다. 우리에게는 정원사도 필요하고 농부도 필요하며 모든 종류의 사람이 필요하다. 각각의 사람이 창조적인 사람이 되면 된다. 그가 명상적이고 에고가 없는 사람이라면 그를 통해 신성이 흘러나올 것이다. 그의 능력에 따라, 그의 잠재력에 따라 신성은 각각의 형태를 취할 것이다. 그러면 모든 것이 아름답게 흘러갈 것이다.

그대는 유명해지려고 노력할 필요도 없다. 참으로 창조적인 사람은 유명해지는 데 관심을 두지 않는다. 그럴 필요가 없기 때문이다. 그는 자신이 무엇을 하든, 자신이 어떤 사람이든, 자신이 어디에 있든 충만하다. 그래서 무엇이 되고자 하는 욕망이 없다. 그대가 창조적일 때 욕망은 사라진다. 그대가 창조적일 때 야망은 사라진다. 그래서 그대가 창조적일 때 자신이 이루고자 하는 모든 것을 얻는다.

다섯 가지 장애물

우리 모두는 무한한 나무에 달려 있는 작은 이파리들이다.
나무와 싸우려고 들지 말라. 존재의 집에 도달하는 유일한
길은 그대의 에고를 완전히 내려놓는 것이다. 그대가 마음
의 문을 열면 창조력을 발산할 수 있는 길을 찾을 수 있다.

연은 모든 사람에게 창조할 수 있는 에너지를 준다. 그러
나 에너지의 흐름이 막히면 창조적인 에너지는 파괴적인
에너지로 바뀐다.

자의식

자의식은 일종의 병이다. 의식은 건강이고 자의식은 질병이다. 자의식은 무엇인가 잘못된 병이다. 그 무엇이 막히거나 얽힌 것이다. 의식의 강물이 자연스럽게 흐르지 않는 것이다. 이것은 이물질이 의식의 강물 속으로 들어왔기 때문이다. 그것은 의식의 강물이 아닌 무엇, 의식의 강물이 받아들일 수 없는 이질적인 것이다. 의식의 일부가 되기를 저항하는 어떤 것이다.

자의식은 질병이다. 자의식은 막혀서 얼어붙은 의식이다. 이것은 연못에 고인 물과 같다. 연못에 고인 물은 흐르지 못하기 때문에 서서히 메말라 가다가 결국은 사라진다. 그러므로 우리는 먼저 자의식과 의식의 차이를 명확히 이해할 수 있어야 한다.

의식에는 '나'라는 관념이나 에고의 관념이 없다. 자신이 존재계와 분리되어 있다는 생각마저도 없다. 거기에는 아무런 장벽도, 아무런 경계도 없다. 의식은 존재계와 하나 되어 있다. 개인과 전체 사이에 아무런 갈등이 일어나지 않는다. 개인은 전체계로 흐르고 전체계는 개인으로 흐른다. 이것은 마치 호흡하는 것과 같다. 그대가 숨을 들이쉴 때는 전체계가 그대에게 들어오고, 숨을 내쉴 때는 그대가 전체계 속으로 들어간다. 이것은 끊임없는 흐름이요 나눔이다. 전체계가 끊임없이 그대 속으로 들어가고 그대가 끊임없이 전체계 속으로 들어가는 것이다. 그리하여 균형과 조화가 끊임없이 지속된다.

자의식의 사람은 내면의 무엇인가 잘못되었다. 그는 받아들이기만 할 뿐, 결코 남에게 주지 않는다. 그는 모으기만 할 뿐, 나누는 법을 알지 못한다. 그는 끊임없이 자신의 주위에 누구도 침범할 수 없는 경계를 만든다. 항상 '출입금지'라는 표지판을 걸고 다닌다. 삶을 나누지 못하기 때문에 그는 서서히 죽어간다.

'자기'라는 것은 이름만 살아 있을 뿐, 죽은 것이다. 반면에 의식은 무한한 생명이요 넘치는 생명이다. 의식에는 어떠한 경계도 없다. 그러나 보통 사람들은 자의식을 가지고 산다.

자의식이란 곧 무의식을 뜻한다. '자의식이 무의식'이라는 말은 사실 역설적이다. 이를 잘 이해하라. 자의식이란 사실 진실한 자기의식이 없음을 뜻한다. 자기가 없을 때, 아주 보잘것없는 자기가 없어졌을 때 그대는 참나를 본다. 참나가 곧 지고의 자아요, 우주의 자아다.

참나는 곧 무아無我를 말한다. 왜 무아인가? 왜냐하면 참나는 그대의 자아일 뿐 아니라 궁극의 자아이기 때문이다. 모든 존재의 자아이기 때문이다. 그대는 보잘것없는 자기를 잃고 존재계의 중심에 도달한다. 그러면 갑자기 그대는 무한의 존재가 된다. 갑자기 그대를 옥죄던 모든 경계가 녹아들고 무한의 에너지가 그대에게 내려오기 시작한다. 그대는 통로가 된다. 어떤 장애도 없는 투명한 통로가 된다. 그대는 피리가 되고 크리슈나가 그 피리를 분다. 그대는 텅 빈 통로가 되는 것이다. 이것을 나는 참 귀의歸依라 부른다.

자의식은 참 귀의를 모른다. 자의식은 갈등과 투쟁과 충돌의 세계이다. 존재계와 싸우는 사람은 자의식의 사람이다. 물론 그런 자의식의 사람은 항상 패배한다. 매번 더 깊은 패배의 구렁텅이로 떨어진다. 그래서 좌절의 삶을 끌고 간다. 본인이 스스로 처음부터 그런 운명을 만든 것이다. 어느 누구도 존재계와 싸워서는 삶을 제대로 살 수 없다. 그것은 불가능하다. 인간은 존재계와 떨어져서는 존재할 수 없는 것이다.

그대는 존재계로부터 출가하여 승려Monk가 될 수 없다. '승려'와 그 어원이 같은 '독점Monopoly'이라든가 '수도원Monastery', '독백Monologue' 등의 단어를 들어보았을 것이다. 해서, 승려는 자기 둘레에 경계를 만들어 놓고 전 존재계로부터 떨어져 살려는 사람을 말한다. 따라서 승려는 에고이스트이다. 그의 삶은 실패할 수밖에 없다. 결코 성공할 수 없는 것이다.

그대는 신과 함께 해야만 성공할 수 있다. 신과 싸워서는 결코 성공할 수 없다. 그대는 전체계와 더불어 성공할 수 있다. 전체계와 싸워서는 결코 성공할 수 없다. 그러므로 그대가 깊은 좌절과 실의에 빠졌을 때는 '내가 스스로 그런 고통을 만들었음'을 기억하라. 그대는 대단히 미묘한 트릭으로 고통을 만들었다. 전체계와 싸우는 것이 바로 그대가 사용하는 미묘한 트릭이다.

한번은 이런 일이 있었다.

당시는 아마 우기雨期였을 것이다. 마을의 강물이 범람하고 있었다. 그런데 갑자기 마을 사람들이 물라 나스루딘에게 뛰어와서 이렇게 말하는 것이었다.

"큰일 났어요! 당신의 아내가 강물에 빠졌어요. 급해요, 빨리 서둘러요!"

말을 듣자마자 나스루딘은 현장으로 뛰어가 강물 속으로 뛰어들어 상류 쪽으로 헤엄을 치기 시작했다.

그러자 이를 지켜보고 있던 사람들이 소리를 질렀다.

"나스루딘, 무엇을 하는 거요? 당신의 아내는 물살을 거슬러 헤엄을 치지 못해요. 틀림없이 하류 쪽으로 떠내려갔을 거란 말이오."

나스루딘이 대답했다.

"모르는 소리! 내 아내는 항상 흐름을 거스르는 일밖에 못해요!"

이렇게 에고는 항상 흐름을 거스른다. 사람들은 쉬운 일은 하지 않는다. 그들은 쉬운 일도 먼저 어렵고 힘들게 만들어 놓고서 시작한다. 어렵고 힘든 일을 좋아하는 것이다. 왜 그런가? 어려운 일을 만나면 에고는 이를 도전으로 받아들이면서 예민하게 깨어나기 때문이다.

에드먼드 힐러리(Edmund Hillary, 1919~), 뉴질랜드의 등산가이자 탐험가. 1953년. 영국의 에베레스트 산 원정대원으로 선발되어 5월 29일 인류 역사상 최초로 에베레스트 산 등정에 성공했으며 그 공로로 기사 작위를 받았음_역주가 에베레스트 산을 정복하자 누군가가 이렇게 물었다.

"왜 그런 위험한 일을 하는 겁니까? 에베레스트 등반은 너무 위험합니다. 당신이 정복하기 전까지 수많은 사람들이 거기서 죽어갔습니다."

이 질문을 한 사람은 왜 사람들이 에베레스트 산에 오르려다 목숨을 잃는지 이해할 수 없었던 것이다. 도대체 무엇을 위해 어베레스트 산에 올라야 하는가? 무엇을 성취하기 위해?

질문을 받은 힐러리는 다음과 같이 대답했다고 한다.

"에베레스트 산이 정복되지 않은 채 거기 있는 한 우리는 편히 설 수 없소. 우리는 정복을 해야만 하오!"

사실 에베레스트를 정복한다고 해도 얻는 것은 아무것도 없다. 하지만 정복되지 않은 에베레스트의 존재가 도전을 자극한다. 누구에게 도전을 자극하는가? 바로 에고에게 도전을 자극한다.

그대 자신의 삶을 살펴보라. 그대는 수많은 일들을 에고 때문에 한다. 그대는 커다란 집을 짓고 싶어 한다. 어쩌면 지금의 집도 참으로 편할지 모른다. 하지만 그대는 커다란 궁궐 같은 저택을 짓고 싶어 한다. 그 저택은 그대를 위한 것이 아니라 그대의 에고를 위한 것이다. 지금 그대는 경제적으로 부족하지 않을지라도 많은 재산을 모으고 싶어 한다. 재산은 그대를 위한 게 아니라 그대의 에고를 위한 것이다. 아직도 최고의 부자가 되지 못했는데 어떻게 쉴 수 있단 말인가?

그대가 세상 최고의 부자가 되었다고 치자. 그런 다음에는 무엇을 할 것인가? 그대는 더욱 불행해질 뿐이다. 부자가 되기 위해 그대는 끊임없이 투쟁한다. 하지만 투쟁에서 오는 것은 불행뿐이다. 그대의 불행은 그대가 투쟁하고 있음을 뜻한다. 다른 것에 책임을 떠넘기려고 하지 말라. 사람들은 합리화를 참 잘한다. 자신이 불행하면 "이 모두 전생의 업보야."라고 치부해버린다.

참으로 어리석은 생각이다! 전생의 업은 '전생에' 그대를 불행하게 만들었을 뿐이다. 업보는 기다리지 않는다. 현재 그대를 불행하게 만드는 것은 현재의 업일 뿐이다. 나의 지금 불행은 모두 전생의 업 때문이라고 치부하는 것은 정말 쉽다. 그대는 이렇게 생각한다. '과거의 업 때문에 벌어진 지금의 일은 내가 어떻게 할 수 없다. 과거란 되돌릴 수 있는 것이 아니다. 손사래를 친다고 과거가 지워지는 것도 아니다. 과거를 지울 수 있는 어떤 마법이 있는 것도 아니다. 이미 지나간 일이다. 그래서 과거를 바꿀 수 있는 길은 존재하지 않는 것이다. 그러니 지금의 불행은 과거의 업 때문이라는 사실을 받아들이자.'

혹은 기독교에서 그러는 것처럼 모든 책임을 악마에게 떠넘길 수도 있다. 힌두교인들은 모든 책임을 과거 업에 떠넘기고 기독교인들은 악마에게 떠넘긴다. 기독교인들은 이렇게 생각한다. '악마가 함정을 파놓았다. 매번 불행의 덫에 걸려드는 건 악마 때문이다. 매번 나를 지옥으로 끌어당기는 건 악마이다.' 악마가 할 일이 없어 기독교인들을 괴롭힌다고 생각하는가? 그렇지 않다.

다음으로 공산주의자나 사회주의자들은 사회구조나 경제제도에 모든 책임을 떠넘긴다. 그들은 이렇게 주장한다.

"우리의 모든 불행은 잘못된 사회구조 때문이다."

그 다음으로 정신 분석가들은 아이와 엄마의 관계를 들먹인다. 어떠한 종류의 사람이 되었건 사람들은 항상 불행의 책임이 다른 데 있다고 주장한다. 불행의 책임은 다른 데 있는 게 아니라 바로 나 자신에게 있다고 말하는 사람은 아무도 없다.

모든 불행의 책임은 그대 자신뿐이다. 그대가 지금 불행하다면 그 불행의 책임은 바로 그대뿐이다. 불행의 책임은 과거도 사회구조도 경제제도도 아니다. 그 어느 것도 아니다. 그대가 변하지 않고서는 그대는 계속 불행할 수밖에 없다. 경제제도가 바뀌어도 사회구조가 바뀌어도 그대는 계속 불행할 수밖에 없다.

진정한 변화는 그대가 존재계와의 투쟁을 쉴 때 일어나기 시작한다. 이것이 바로 위대한 종교들이 말하는 "에고를 내려놓으라."의 뜻이다. 이것은 곧 '투쟁을 내려놓으라'는 말이다. '에고를 내려놓으라'

는 말은 다소 형이상학적이다. 그러므로 '투쟁을 내려놓으라'는 말을 기억하라. 그대에게 '에고'라는 말은 관념적이다. 뚜렷하지 않다는 말이다. 에고란 무엇인가? 어디에 있는가? 그대에게 에고라는 말이 친숙한 듯하지만 사실은 뚜렷하지 않고 모호하다. 그래서 나는 보다 현실적인 말을 해주고 싶다.

"투쟁을 내려놓으라."

왜냐하면 에고는 투쟁심의 산물이기 때문이다.

사람들은 자연을 정복하자고, 이것저것을 정복하자고 말한다. 어떻게 그대가 자연을 정복한단 말인가? 그대는 자연의 일부이다. 어떻게 부분이 전체를 정복할 수 있단 말인가? 인간의 어리석음을 보라. 그대는 전체계와 하나가 되거나 아니면 전체계와 싸우거나 할 수 있다. 전체계와의 싸움은 불행을 낳는다. 하지만 전체계와의 하나 됨은 지복을 낳는다. 전체계와의 하나 됨은 깊은 침묵과 기쁨, 희열을 낳는다. 그러나 전체계와의 갈등은 걱정과 번민, 스트레스, 긴장을 낳을 뿐이다.

에고는 그대가 자기 주변에 만들어놓은 긴장이다. 왜 인간은 에고를 만드는가? 거기에는 어떤 이유가 있다. 왜 인간은 계속해서 자아를 만드는가? 그건 바로 참나를 모르기 때문이다. 인간은 자아가 없으면 살기 힘들어 한다. 그래서 대용물인 '가짜 나'라도 만들어야 하는 것이다. 이것은 모두 그대가 참나를 모르는 데서 기인한다.

참나는 머리로는 절대 알 수 없다. 참나는 머리 너머의 신비이다.

말로 표현할 수도, 형용할 수도 없다. 참나는 너무 광대해서 정의할 수도 없으며 너무 신비해서 그 중심 속으로 꿰뚫고 들어갈 수도 없다. 참나는 전체계의 자아다. 그렇기 때문에 인간의 머리는 그 광대한 신비의 세계를 생각할 수도, 포착할 수도 없는 것이다.

알렉산더 대왕과 어느 현자에 관한 유명한 일화가 있다.

알렉산더 대왕은 신하들에게 이 현자를 불러오라는 명령을 내렸다. 그리고 현자가 알렉산더 앞으로 불려왔다.

알렉산더가 물었다.

"당신은 신을 안다고 들었소. 신에 대해 말해주시오. 사람들은 당신이 깨달았다고 말하오. 그러니 부디 나에게도 신의 깨우침을 주시오."

그러자 현자가 이렇게 대답했다.

"거기에 대해 생각해보아야겠습니다. 24시간의 말미를 주십시오."

알렉산더는 24시간을 기다리고 기다렸다.

24시간이 지나고 현자가 알렉산더 앞으로 나와 말했다.

"일주일이 필요합니다."

알렉산더는 초조하게 기다렸다. 그리고 일주일이 흘러갔다.

현자가 와서 말했다.

"일 년이 필요합니다."

그러자 알렉산더는 초조감을 감추지 않고 이렇게 재촉했다.

"일 년이 필요하다니 무슨 말입니까? 당신은 신을 압니까, 모릅니까? 알면 지금 말해주시오. 왜 그렇게 시간을 낭비한단 말이오.”

알렉산더의 말을 들은 현자는 웃으며 말했다.

“제가 생각을 하면 할수록 더욱 모르겠습니다. 제가 더 깊게 알면 알수록 표현할 길을 모르겠습니다. 24시간 동안 생각해보고 또 해보았는데 자꾸만 내 손아귀에서 빠져나가는 느낌입니다. 그리고 일주일 동안 생각을 해보았는데 그것 또한 허사였습니다. 그러니 이제 일 년은 필요할 것 같습니다. 그래야 ‘신은 정확히 무엇이다’라고 말할 수 있을 것 같습니다.”

현자의 말은 더없이 옳다. 그는 참으로 지혜로운 사람이다. 참나는 말로 설명이 될 수 없다. 그러면서도 인간은 자아 없이는 살 수가 없다. 자아가 없다면 그 공허가 너무 커서 살 수가 없다. 바퀴통 없는 바퀴를 생각해보라. 중심이 없는 주변을 생각해보라. 이처럼 인간은 자아가 없으면 살 수 없는 것이다.

참나를 아는 것은 어렵다. 존재의 집에 도달하기까지는 긴 여행을 해야 한다. 바른 문을 찾기까지는 많은 문들을 두드려 봐야 한다. 그대는 가짜 나를 만들어 스스로를 속일 수도 있다. 진짜 장미를 기르는 일은 어렵다. 그래서 조화造花를 살 수도 있다. 그대는 조화를 사서 이웃들을 속일 수는 있지만 그대 자신은 속일 수 없다. 에고란 바로 그와 같은 것이다. 조화로 그대 자신을 속일 수 없다. 그대는 참나를 모른다. 하지만 가짜 나를 만들어, 가짜 상표를 만들어 이웃을 속이고 세상을 속인다.

그대는 이를 생각해본 적이 있는가? 누가 "당신은 누구입니까?"라고 물으면 뭐라고 대답하는가? 그대는 자신의 이름을 댈 것이다. 하지만 이름은 그대가 아니다. 그대는 세상에 나올 때 이름 없이 나왔다. 그대는 이름 없이 태어났다. 부모가 그대에게 어떤 이름을 지어주었을지는 모르지만 이름은 정녕 그대가 아니다. 세상 이름은 짓기 나름이다. 이름 안에는 본질적인 속성이 없는 것이다.

그대의 이름을 '람Ram'이라 불러도 좋고 '하리Hari'라 불러도 좋다. 거기에는 아무런 차이가 없다. 이름은 그저 의사소통의 편리를 위해 우리가 만든 것일 뿐이다. 우리는 멀리 떨어져 있는 그대를 부르기 위해 이름을 사용한다. 그렇다고 해서 그대의 이름이 그대의 존재와 관련이 있는 건 아니다. "당신은 누구입니까?"라는 질문에 그대는 "의사입니다. 엔지니어입니다. 사업가입니다."라고 대답한다. 하지만 의사와 엔지니어, 사업가 등은 그대의 존재와 아무런 관련이 없다.

그대가 "나는 의사입니다."라고 말한다면 이것은 그대의 직업에 관한 것이지 그대 자신에 관한 것이 아니다. 이것은 그대가 경제생활을 어떻게 하고 있는지를 보여 주는 것이지 그대의 삶 자체를 말해 주는 것은 아니다. 그대가 의사로 돈을 벌든 사업가로 돈을 벌든, 이것은 그대 자신과는 아무런 관련이 없다.

혹 그대는 아버지나 어머니 이름, 가족관계 등을 말할지 모르지만 이 역시 맞지 않다. 그것들 역시 그대 자신에 대해서는 아무것도 말해 주지 못하기 때문이다. 그대가 특정 가정에 태어난 것은 순전히 우발적인 일이었다. 그대는 얼마든지 다른 가정에서도 태어날 수 있었다. 하지만 그대는 이런 사실을 알아차리지 못한다. 그대의 이름이나 직업 등은 현실생활에 편리한 도구일 뿐이다. 인간은 이렇게 자아를 만든다. 하지만 이 자아는 가짜 나, 인위적으로 가공된 자아일 뿐이다. 그대의 참나는 신비의 안개 속에 깊이 감추어져 있다.

이런 이야기를 책에서 읽은 적이 있다.

한 프랑스 사람이 아랍 가이드를 대동하고 사막을 횡단하고 있었다. 그런데 이 아랍 가이드는 하루도 빠짐없이 사막의 뜨거운 모래 위에서 무릎을 꿇고 신에게 기도했다.

그러다가 어느 날 저녁 신을 믿지 않던 프랑스인이 물었다.

"신이 있는지 없는지 어떻게 아시오?"

그러자 가이드는 자신을 조롱하는 프랑스인을 잠시 바라보더니 이렇게 대답했다.

"신이 있는지 없는지 어떻게 아냐고요? 지난밤 여기 모래 위를 걸어간 것은 사람이 아니라 낙타인 것을 어떻게 알 수 있습니까? 모래 위에 난 발굽 자국을 보면 알 수 있지요."

아랍인은 이제 마지막 빛줄기를 사막에 던지며 수평선 너머로 떨어지는 태양을 가리키며 말을 이었다.

"저 태양은 분명 인간의 발자국이 아니잖아요."

그대의 참나는 그대가 만든 게 아니다. 참나는 인간이 만들 수 있는 게 아니다. 그대가 태어나면서 가지고 나온 진짜 그대, 그것이 그대의 참나이다. 가짜 나는 만들 수 있지만 진짜 나는 만들 수 없다. 참나를 만들려면 먼저 참나 이전에 그대가 존재했어야 한다. 기독교나 이슬람교, 힌두교에서는 '인간은 피조물'이라고 말한다. 인간은 자신을 만들어낼 수 없다는 뜻이다. 창조주는 미지의 세계 어딘가에 숨어 있다. 우리는 알 수 없는 신비의 근원에서 나왔다. 그대의 가짜 나는 그대의 것이 아니다. 그대의 참나도 그대의 것이 아니다! 그대의 참나는 신에 뿌리를 박고 있기 때문이다.

우리가 삶 속에서 가지고 다니는 '가짜 나'는 항상 외부 공격에 노출되어 있다. 가짜 나는 대단히 허약하고 상처 입기 쉽다. 인간이 만든 것이기 때문에 그럴 수밖에 없다. 어떻게 인간이 불사의 존재를 만들 수 있겠는가? 인간은 수많은 죽음의 문들을 통과해야 하는 존재다. 인간이 만든 것은 무엇이나 유한하다. 그래서 인간은 '나의 자아는 죽을 수밖에 없다'는 끊임없는 두려움에 시달린다. 그대의 존재는 죽음에 대한 두려움으로 끊임없이 떨고 있다. 그대는 자신의 가짜 나에 대해 아무것도 확신할 수가 없다. 그대는 안다, 그대의 자아는 가짜임을. 그대는 이런 사실을 피하려고 할지 모르지만 그 가짜 나는 여기저기 부품을 모아서 조합한 것에 지나지 않음이 사실이다. 가짜 나는 기계적인 것이지 유기적인 것이 아니란 말이다.

기계적인 개체와 유기적인 개체의 차이를 살펴본 적이 있는가? 그대는 시장에서 여러 엔진 부품을 구입하고 조립해서 엔진을 만들 수 있다. 또는 라디오 부품들을 구입하고 조립해서 라디오를 만들 수도 있다. 그러면 라디오라는 자아가 태어난다. 라디오의 모든 부품들이 모여서 하나의 라디오로 기능을 한다. 각 부품이 따로 떨어져서는 독자적인 기능을 할 수 없다. 라디오 역시 외부의 동인에 의해 기계적으로 작동한다. 씨앗의 경우를 보자. 그대가 땅에 씨앗을 뿌리면 땅속에 묻힌 씨앗은 죽고 그 속에서 식물이 자라 올라온다. 이 식물은 기계적으로 움직이는 게 아니라 유기적으로 움직인다. 외부의 동인에 의해 움직이는 게 아니라 스스로 움직인다. 씨앗 안에 유기적인 개체가 있다. 씨앗은 땅과 공기, 태양, 하늘로부터 수많은 요소들을 흡수하여 싹을 틔운다. 이렇게 유기적인 개체의 생명은 씨앗 안에서 나온다. 유기적인 개체에서는 중심(씨앗)이 먼저 오고 주변(영양분)이 나중에 온다. 하지만 기계적인 개체에서는 주변이 먼저 오고 중심이 나중에 온다.

인간은 유기적인 통일체이다. 그대는 과거 언젠가 하나의 씨앗으로 존재했다. 어머니의 자궁 속에서 씨앗으로 들어왔다가 주변의 요소를 모으기 시작했다. 이렇게 중심이 먼저 오고 주변은 나중에 오는 것이다. 하지만 그대는 주변을 모으기 시작하면서 중심을 완전히 잊어버리고 말았다. 그대는 주변에서 살면서 주변이 그대 인생의 전부라고 생각한다. 그대는 계속 주변에서 살면서 이것저것 긁어모아서 가짜 나를 만든다. 그리고 '나는 누구이다'라고 생각한다. 하지만 가짜 나는 유기적인 통일체가 아니라서 항상 떨면서 산다.

그래서 그대는 죽음의 두려움을 뿌리치지 못한다. 참나를 안 사람은 결코 죽음을 두려워하지 않는다. 참나를 안 사람에게는 죽음의 문제가 떠오르지 않는다. 왜냐하면 유기적인 통일체는 결코 죽는 법이 없기 때문이다. 유기적인 통일체는 불사의 존재이다. 오직 여러 부품을 모아 만든 기계적인 개체만이 죽는다. 여러 부품들은 언젠가는 흩어지게 되어 있다. 기계적인 개체에는 시작도 있고 끝도 있다. 하지만 유기적인 개체에는 시작도 없고 끝도 없다. 유기적인 개체는 영원한 생명이다.

그대는 자신의 중심을 아는가? 만약 자신의 중심을 모른다면 그대는 끊임없이 두려워할 수밖에 없다. 그래서 자의식은 항상 두려움으로 떨고 있다. 그대는 항상 타인의 도움을 필요로 한다. 그대를 알아주는 타인, 그대에게 박수를 보내는 타인, 그대의 미모와 지성을 칭찬해줄 타인이 필요한 것이다. 타인의 입에 발린 소리를 듣고 그대는 최면에 빠져버린다. 그래서 그대는 자신이 지성적이고 미모가 뛰어나다고 믿는다. 지금 그대를 보라. 타인에 의존하여 살고 있지 않은가!

어리석은 사람이 그대를 보고 '지성적인 사람'이라고 말한다고 하자. 사실 그는 어리석은 사람일 것이다. 그가 그대보다 지성적이라면 그에게 그대는 지성적으로 보이지 않을 것이다. 하여튼 어리석은 사람이 와서 그대의 지성을 인정해주면 그대는 무턱대고 좋아한다. 사실, 그대는 못생긴 사람한테만 아름답게 보인다. 상대가 그대보다 아름답다면 상대에게 그대는 못생겨 보일 것이다. 이것은 모두 상대적인 것이다. 못생긴 사람이 그대의 미모를 인정해주면 그대는 무턱대고 좋아한다.

어리석은 사람으로부터 인정을 받아야 하는 지성은 대체 어떤 지성인가? 못생긴 사람으로부터 인정을 받아야 하는 미모는 대체 어떤 미모인가? 이것은 모두 거짓이다. 정말 어리석은 짓이다! 하지만 우리는 계속해서 찾아다닌다. 자신의 에고를 도와줄 사람, 자신의 에고를 부풀려줄 사람을 구하고 다닌다. 그대의 에고를 도와줄 사람이 없으면 그대의 에고는 당장에 쓰러질 것이다. 그래서 우리는 서로의 에고가 넘어지지 않도록 이쪽에서 받쳐주고 저쪽에서 받쳐주면서 넘어지지나 않을까 전전긍긍한다.

그래서 그대는 혼자 있을 때의 모습이 더 아름답다. 그대를 보는 사람이 아무도 없어서 걱정을 하지 않기 때문이다. 그대는 혼자 있을 때 더 순수하다. 욕실에 혼자 있으면 어린아이처럼 순수해진다. 거울 앞에 서서 얼굴을 찡그려보면서 재미있게 논다. 그러나 누가 열쇠구멍으로 훔쳐보고 있음을 알아차리면 금세 다른 사람으로 바뀐다. 에고의 체면이 구겨지기 때문이다. 그래서 사람들은 타인을 그토록 두려워한다. 혼자 있을 때는 아무런 걱정 없이 산다. 선禪의 유명한 일화가 있다.

한 선사가 그림을 그리고 있었다. 그의 곁에는 그림의 완성 시점을 말해 줄 수제자가 앉아 있었다. 그런데 제자도 걱정을 하고 스승도 걱정을 하고 있었다. 제자는 스승이 그림을 그릴 때면 언제나 완벽하게 그린다는 사실을 잘 알고 있었다. 하지만 그날은 어쩐 일인지 일이 꼬이기 시작했다. 스승은 열심히 노력했다. 하지만 스승이 열심히 노력하면 할수록 그림은 자꾸만 이상한 쪽으로 흘러갔다.

일본이나 중국에서는 그림이나 서예를 먹물이 잘 번지는 한지 위에 한다. 그래서 한지 위에서 붓을 약간만이라도 머뭇거리면 먹물이 사방으로 번져 서예를 망치고 만다. 그러므로 한지 위에 글을 쓸 때는 어느 지점에서도 머뭇거리지 말고 곧장 물 흐르듯이 이어나가야 한다. 단 한순간이라도 붓을 머뭇거리면 그 서예는 망치고 마는 것이다. 눈이 날카로운 사람은 금방 알아본다.

"이건 선화禪畵가 아니다."

선화는 즉흥적으로 유려하게 흘러나오는 그림인 것이다.

하여튼 선사는 심혈을 기울여 그림을 그렸다. 드디어 그는 땀까지 흘리기 시작했다. 하지만 그가 열심히 그릴수록 제자는 옆에 앉아 연신 고개를 흔들었다.

"아닙니다, 이건 완벽하지 않습니다."

그러자 스승은 더 많은 실수를 연발했다.

그리고 먹물이 다 떨어져가자 스승이 말했다.

"나가서 먹물을 가져오너라."

그런데 제자가 먹물을 가지러 밖으로 나간 사이, 기이하게도 스승은 걸작을 만들어냈다.

제자가 돌아와서 그림을 보고 놀라 물었다.

"이건 완벽한 그림인데요! 어떻게 된 일입니까?"

그러자 스승이 웃으며 말했다.

"한 가지 사실을 깨달았다. 네가 옆에 있었던 게 문제야. 내 옆에서 그림을 평가하는 사람이 있다는 사실 말이야. 그게 나의 평정심을 깨뜨린 게야. 이제는 알았다. 누군가 옆에 있고 그래서 내가 그림을 완벽하게 그리려고 애쓸수록 그림은 완벽해질 수 없다는 사실을 말이다."

그 무엇을 완벽하게 하려고 하면 그것은 완벽해질 수 없다. 그저 마음을 푹 놓고 자연스럽게 하라. 그러면 언제나 완벽해질 것이다. 자연은 완전하지만 인간의 노력은 불완전하다. 그대가 그 무엇을 완벽하게 하기 위해 지나치게 노력하면 그대는 늘 실패할 수밖에 없다.

사람들은 모두 말을 참 잘한다. 모든 사람은 연설가처럼 말을 잘한다. 하지만 연단에 서서 대중을 상대로 말을 하라고 하면 얼어붙고 만다. 평소에는 그렇게 말을 잘하다가도 대중 앞에 서기만 하면 한마디도 제대로 하지 못한다. 설사 말을 한다 해도 평소처럼 자연스럽고 훌륭하게 하지 못한다. 왜 그런가? 평소에는 친구나 아내, 아이들에게 그렇게도 자연스럽게 말을 잘하던 사람이 왜 연단에만 서면 두려워하는가? 그건 사람들이 대중 앞에 서면 자의식에 사로잡히기 때문이다. 체면을 세우기 위해 무엇인가를 보여주려고 애쓰기 때문이다.

내 말을 잘 들어보라. 그대가 무엇인가를 보여주려고 애쓰는 것은 곧 에고를 키우는 것이다. 그대가 모든 걸 내맡기고 자연스럽게 하면 모든 건 아무런 문제없이 완벽해진다. 그대가 자연스럽게 내맡길 때 신이 그대를 찾아온다. 그대가 떨고 두려워하면서 무엇인가를 보여주려고 애쓰면 그대는 신을 놓친다. 그대는 두려움 속에서 신을 망각한다. 그대의 의식은 사람들에게 향하기 때문에 자신의 근원을 잊어버리는 것이다.

자의식의 사람은 약하다. 자의식을 넘어간 사람은 강하다. 그의 강함은 그에게서 나오는 게 아니라 피안에서 나온다. 자의식에 사로잡힌 사람은 문제의 수렁에서 빠져나오지 못한다. 자의식에 사로잡혀 있다함은 곧 자신이 진정 누구인지 알지 못한다는 것이다. 아직 존재의 집에 도달하지 못했다는 것이다.

한번은 이런 일이 있었다.

물라 나스루딘이 아내와 길을 걷고 있었다. 그때 아름다운 아가씨가 그들 곁을 지나갔다. 물라는 무심코 아가씨를 쳐다보았다.

그러자 아내가 토라진 표정으로 말했다.

"당신은 예쁜 아가씨를 볼 때마다 당신이 결혼한 사람이라는 걸 송두리째 까먹어요."

물라가 대꾸했다.

"그게 아니지. 예쁜 아가씨 말고, 다른 어떤 게 내가 결혼했다는 사실을 깨닫게 해 줄 수 있겠소?”

그대가 자의식을 느낀다는 사실은 그대가 진정한 자아를 느끼지
못함을 보여준다. 그대는 자신이 진정으로 누구인지 모른다. 그대가
참으로 자신을 안다면 아무런 문제도 생기지 않는다. 다른 사람의 칭
찬에 목말라 하지도 않는다. 다른 사람이 자신에 대해 어떻게 생각할
까에 대해서도 고민하지 않는다. 사실 아무도 그대에 대해서 말하지
않는다. 사람들이 그대에 대해 뭐라고 말할 때도, 사실 그들은 자신들
에 대해 말하고 있을 뿐이다.
한번은 이런 일이 있었다.

내가 자이푸르Jaipur, 인도 라자스탄의 주도(州都)_역주에 머물고 있을
때였다. 어느 날 아침, 어떤 사람이 나를 보러 왔다.
그가 이렇게 말했다.
“당신은 신이십니다.”
내가 대답했다.
“맞소이다.”
그리고 그는 내 옆에 앉아 있었다. 잠시 후 다른 사람이 찾아왔다.
그는 나를 굉장히 싫어하는 사람이었다.
그가 말했다.
“당신은 악마입니다!”

내가 대꾸했다.

"맞소이다!"

그러자 먼저 온 사람이 이해가 가지 않는다는 표정이었다.

"아니 무슨 말씀입니까? 어떻게 '당신은 신입니다'라는 말에도 맞다고 하고 '당신은 악마입니다'라는 말에도 맞다고 말할 수 있습니까? 그럴 수 없잖아요."

내가 이렇게 말해주었다.

"단지 두 사람만 맞는 게 아니라 수백만의 사람이 나에 대해 하는 말들이 모두 맞소. 왜냐하면 그들이 나에 대해 말을 한다고 하지만 사실은 그들 자신들에 대해 말하고 있기 때문이오. 그들이 어떻게 나를 알 수 있단 말이오? 그들은 자신들에 대해서도 모르는데 어떻게 나를 알 수 있겠소? 그건 있을 수도 없소이다. 그들이 말하는 건 전부 자기 식대로 해석한 것들에 불과하오."

이 말을 듣고 그는 이렇게 다시 물었다.

"그렇다면 당신은 누구입니까? 당신이 신이라는 게 저의 해석이고 당신이 악마라는 게 저 사람의 해석이라면 진정 당신은 누구입니까?"

내가 대답했다.

"나는 나 자신일 뿐이오. 나는 나 자신을 해석하지 않소. 그럴 필요가 없지 않소. 나는 나의 존재에 기뻐하오. 나는 나 자신에 행복하오. 그뿐이오."

어느 누구도 그대에 대해 말할 수 없다. 사람들이 말하는 것은 모두 자신들에 관한 것들이다. 하지만 그대는 사람들이 그대를 어떻게 생각할까 노심초사한다. 그대는 아직도 그릇된 중심에 서 있기 때문이다. 이 그릇된 중심은 타인에게 의존한다. 그래서 그대는 타인이 자신에 대해 어떤 말을 할까 항상 귀를 쫑긋 세우고 다닌다. 그대는 항상 타인을 쫓아다니며 상대를 만족시키려 한다. 항상 타인의 존경을 받으려고 애를 쓴다. 그래서 자신의 에고에 이런저런 장식을 한다. 이것은 영적인 자살이다.

다른 사람들이 하는 말에 신경을 쓰기보다는 그대의 내면을 들여다보라. 아무렇게나 살아서는 결코 참나를 찾을 수 없다. 하지만 사람들은 모두 아무렇게나 살고 있다.

이런 일이 있었다.

물라 나스루딘은 등의 통증이 참을 수 없는 지경에 이르자 병원을 찾아 의사의 진찰을 받았다.

의사가 진찰 결과를 말했다.

"음, 수술을 하면 괜찮아지는데요, 적어도 2주 동안 입원을 하고 여섯 달 동안은 누워 있어야 합니다."

나스루딘은 자기도 모르게 목소리가 높아졌다.

"의사 선생님, 전 그렇게까지 할 수 없어요."

그러자 의사가 이렇게 제안했다.

"그럼 25달러만 내면 당신 엑스레이를 다시 손볼 수도 있습니다!"

정말 싸지 않은가! 25달러에 엑스레이를 다시 손봐준다! 엑스레이를 다시 손본다고 물라의 통증이 없어질 리 만무하다. 그러나 엑스레이를 다시 손보는 것, 계속 기적이 일어나기를 바라는 것, 이것이 우리가 늘 하고 있는 일이다. 에고를 치장하는 일은 엑스레이만을 손보는 일이다. 그렇게 해서는 아무런 도움이 되지도 않을뿐더러 건강을 찾을 수도 없다. 그렇지만 에고를 치장하는 일은 싸게 먹힌다. 수술도 필요 없고 수술비용을 내야 할 필요도 없다. 하지만 그렇게 싸게 인생을 살면 그대는 고통의 연속에서 벗어나올 수 없다.

설사 그대가 사람들로부터 존경받는다 해도 그대는 여전히 불행하다. 사회로부터 대단한 칭송을 받는다 해도 그대는 여전히 불행하다. 황금으로 그대의 에고를 장식한다 해도 그대는 여전히 불행하다. 황금은 그대의 불행을 몰아낼 수 없다. 황금으로 에고를 치장하는 일은 엑스레이만을 다시 손보는 일이다. 에고를 치장하는 것은 곧 그대 자신을 속이는 일이다. 그렇게 하면 그대는 계속 나약해져만 간다. 에고란 시간이 흐르면서 약해져가는 것이기 때문이다. 그대의 몸도 약해져가고 그대의 마음도 약해져간다. 그리하여 그대의 에고도 약해져간다. 불안과 두려움은 나날이 커져만 간다. 언제 터질지 모르는 활화산 위에 앉아 있는 형국이다. 이렇게 해서는 쉴 수 없다. 이렇게 해서는 마음이 편할 수 없다. 이렇게 해서는 어떠한 평화도 있을 수 없다.

그대가 이를 이해하기만 하면 모든 에너지는 좋은 방향으로 흘러가기 시작한다. 그대는 자신을 알아야 한다. 다른 사람들이 그대에 대해 이러쿵저러쿵 말하는 것에 신경 쓸 필요 없다.

한 친구가 대단히 재미있는 일화를 보내왔다.

친구가 아무도 없는 사내가 있었다. 아무도 그에게 관심을 보여주지 않았다. 그는 마이애미에서 벌어지는 판매촉진대회에 참석하게 되었다. 모두들 서로 웃고 떠들었지만 그에게 관심을 보여 주는 사람은 없었다.

어느 날 저녁 실의에 빠져 있는 그에게 다른 세일즈맨이 말을 걸어왔다. 그래서 그는 세일즈맨에게 자신의 문제를 털어놓았다.

그러자 세일즈맨이 이렇게 말하는 게 아닌가!

"나에게 확실한 방법이 있습니다. 낙타 한 마리를 구입해요. 그러고 나서 낙타를 타고 시내를 돌아다니는 겁니다. 아마 그러면 당장에 사람들이 당신을 알아보고 모두 친구가 되려고 할 겁니다."

때마침 마이애미의 한 서커스단이 문을 닫으면서 낙타 한 마리를 팔려고 내놓았다. 그래서 그는 곧장 낙타를 샀다. 그리고 낙타를 타고 시내를 활보하고 다녔다. 그러자 수많은 사람들이 그를 알아보았다. 그는 세상이 모두 자기 것처럼 느껴졌다.

그런데 일주일 후, 잡자기 낙타가 사라지고 말았다. 크게 낙심한 그는 곧장 낙타 분실광고를 내기 위해 신문사에 전화를 걸었다.

“낙타가 암컷입니까, 아니면 수컷입니까?”

신문사 직원이 물었다.

“뭐라고요, 내가 그걸 어떻게 알아요?”

사내는 화가 나서 이렇게 내뱉었다. 그리고 잠시 생각에 잠기다가 이렇게 일러주었다.

“아, 맞아요. 수컷입니다!”

“그걸 어떻게 압니까?”

신문사 직원이 따지고 들었다.

“왜냐하면요.”

그가 대답했다.

“내가 낙타를 타고 시내에 나갈 때마다 사람들이 ‘저기 낙타 위의 슈먹Schmuck, 바보 혹은 남자 성기_역주 좀 봐’라고 말했거든요.”

‘슈먹’은 이디시어Yiddish, 동부와 중부 유럽의 여러 나라, 미국 등지의 유대인이 사용하는 독일어와 히브리어의 혼성어_역주의 단어로 대단히 의미심장한 말이다. 슈먹에는 두 가지 뜻이 있다. 하나는 ‘바보’라는 뜻이요, 다른 하나는 ‘남자 성기’라는 뜻이다. 바보와 남자 성기 사이에는 아주 깊은 연관이 있다. 바보는 섹스밖에 모르고 사는 것이다. 그는 다른 삶을 모른다. 그러므로 슈먹은 의미심장한 말이다. 섹스밖에 모르는 사람은 바보같이 멍청할 수밖에 없다는 말이다.

사내는 사람들이 “저기 낙타 위의 바보 좀 봐.”라고 말한 것을 낙타의 성기로 착각한 것이다. 에고는 스스로를 속이는 데 뛰어나다. 주위에서 많은 말을 듣지만 자기 식대로 해석해버린다. 있는 그대로 듣지 않는다. 에고는 결코 있는 그대로 듣고 싶어 하지 않는다. 그런고로 에고로 사는 사람은 커튼을 치고 사는 사람이다. 이 커튼은 듣는 것을 모두 멋대로 변화시키는 커튼이다.

사람들은 자신이 만든 정신세계 속에서 산다. 에고가 마야Maya, ‘환영’이란 뜻의 산스크리트어_역주라는 가짜 세계의 중심에 있다. 사람들은 에고를 중심으로 해서 자기만의 세계를 만든다. 그 가짜 세계에는 어느 누구도 들어가지 못한다. 자기 혼자만 그 세계에서 사는 것이다.

에고를 놓으면 그대는 자신의 주변에 만들어놓은 세계를 놓을 수 있다. 그러면 난생 처음으로 사물을 있는 그대로 볼 수 있다. 이렇게 삶을 있는 그대로 볼 수 있을 때 그대는 진리를 알 수 있다.

다음은 선의 일화이다.

오나미大浪라는 스모 선수가 있었는데, 그는 엄청난 힘을 지녔을 뿐 아니라 모든 스모 기술을 터득한 달인이었다. 그는 개인적으로 시합을 하면 자기 스승도 이겼지만 공개적으로 시합을 하면 자기 제자에게도 졌다.

하루는 근처 해안가의 사찰에 한 선사가 찾아왔다는 말을 들었다. 그는 조언을 구하고자 선사를 찾아갔다.

선사가 말했다.

“너의 이름은 ‘큰 파도’라는 뜻이 아니더냐. 오늘밤 이곳에 머물면서 바다의 파도 소리를 들어보라. 스모는 다 잊어버리고 네가 파도가 되었다고, 모든 것을 휩쓸어가는 거대한 파도가 되었다고 느껴보라.”

그래서 오나미는 그날 밤 사찰에서 지냈다. 그는 파도만을 생각하려고 했으나 다른 잡념들이 몰려왔다. 하지만 시간이 지나자 서서히 파도만을 생각할 수 있었다. 밤이 깊어갈수록 파도는 더욱더 거세졌다. 불상 앞의 꽃병에 든 꽃들을 휩쓸어갔다. 그리고 꽃병마저 휩쓸어갔다. 심지어 불상마저 휩쓸어갔다. 새벽이 되자 사찰에는 거센 파도만이 출렁였으며 오나미는 입가에 잔잔한 미소를 띠고 그대로 앉아 있었다.

바로 그날 오나미는 스모대회에 나가 모든 선수들을 물티쳤다. 그날 이후 일본에서는 그를 상대할 선수가 없었다.

위의 일화는 자의식에 관한 이야기이다. 어떻게 자의식을 놓을 수 있는가, 어떻게 자의식을 없앨 수 있는가에 관한 이야기이다. 이제 이 이야기 속으로 한 발 한 발 들어가 보자.

오나미라는 스모 선수가 있었는데, 그는 엄청난 힘의 소유자일 뿐만 아니라…….

사실 모든 사람에게 엄청난 힘이 있다. 그대가 자신의 힘을 깨닫지 못하는 것은 다른 문제다. 모든 사람은 엄청나게 강하며 그럴 수밖에 없다. 왜냐? 모든 사람은 신에 뿌리를 내리고 있기 때문이다. 모든 사람은 우주에 뿌리를 내리고 있기 때문이다. 그대가 겉으로 왜소하게 보일지라도 그대는 왜소하지 않다. 그대의 본체는 그럴 수 없다.

현대 물리학자들은 미세한 원자 속에도 거대한 에너지가 있다고 말한다. 미세한 원자 에너지는 히로시마와 나가사키를 휩쓸어버린다. 원자는 대단히 작다. 원자를 본 사람은 없다. 원자의 존재는 과학적 추론이지 누가 과학 기재로 본 것은 아니라는 말이다. 그렇게 미세한 원자 안에 그렇게 거대한 에너지가 있는 것이다!

하나의 원자 안에 거대한 에너지가 있다면 사람에 대해서는 말할 필요도 없다. 인간의 내면에는 의식의 불꽃이 타오르고 있다. 이 작은 불꽃이 언젠가 밖으로 터져 나오면 그것은 무한한 에너지와 빛이 된다. 그것이 붓다나 예수에게 일어난 일이다.

모든 사람이 엄청나게 강하다. 왜냐하면 모든 사람은 엄청나게 신성하기 때문이다. 모든 사람은 엄청나게 강하다. 왜냐하면 모든 사람은 신에 뿌리를 내리고 있기 때문이다. 존재의 근원에 뿌리를 내리고 있기 때문이다. 이를 항상 기억하라.

인간의 마음은 항상 이를 잊는다. 이를 잊는 사람은 약해질 수밖에 없다. 약해진 사람은 강해질 수 있는 인위적인 방법을 찾기 시작한다. 이것이 세상 사람들이 하는 일이다. 그대는 돈을 좇는다. 돈을 좇는 그대는 사실 무엇을 좇고 있는 것인가? 사실 그대는 힘을 좇고 권력을 좇고 있는 것이다. 명예나 정치권력을 좇는 그대는 사실 무엇을 좇고 있는 것인가? 그대는 힘을 좇고 권력을 좇고 있는 것이다. 모퉁이만 돌면 권력이 거기 있을 것 같다. 그러나 그대는 그릇된 것을 구하고 있다.

오나미라는 스모 선수가 있었는데…….

오나미는 거대한 파도라는 뜻이다. 사실 우리 모두는 바다의 거대한 파도들이다. 우리가 바다를 잊어버렸을지 몰라도 바다는 결코 우리를 잊어버리지 않는다. 우리의 망각이 깊어서 우리는 바다가 무엇인지, 우리가 바다에 있기나 한지 전혀 알지 못한다. 그러나 파도가 바다를 잊었다 해도, 완전 망각했다 해도 파도는 여전히 바다 안에 있다. 왜냐하면 파도는 바다 없이 존재할 수 없기 때문이다. 바다 또한 파도 없이 존재할 수 없다. 바다가 파도 없이 존재할 수 있을지는 몰라도 파도는 바다 없이는 존재할 수 없다. 파도는 다름 아닌 바다의 움직임이기 때문이다. 그러나 파도는 하나의 흐름이지 실체는 아니다. 파도는 바다의 유희일 뿐이다. 신이 지구인들 안에서 유희하고 있다. 신이 존재계의 사람 안에서 유희하고 있다. 이것은 바다가 바다를 찾는 유희이다. 엄청난 에너지의 유희이다.

오나미라는 스모 선수가 있었는데, 그는 엄청난 힘의 소유자일 뿐만 아니라…….

하지만 진정한 힘은 파도가 자신은 거대하고 무한한 바다의 일부임을 알 때 생긴다. 파도가 이런 진리를 망각하면 약해질 수밖에 없다. 인간의 망각은 깊디깊다. 인간의 기억은 너무 미세하고 약하다. 그래서 인간은 참된 사실들을 끊임없이 망각한다. 아주 명백한 사실조차도 쉽게 잊어버린다. 아주 가까이 있는 것마저도 쉽게 잊어버린다. 항상 곁에 있는 것마저도 쉽게 잊어버린다.

그대는 자신이 숨 쉬는 것을 의식하는가? 그대는 어떤 문제가 생겼을 때만 자신의 호흡을 의식한다. 감기에 걸렸거나 여타 호흡질환이 생겼을 경우에만 의식한다. 그렇지 않으면 자신의 호흡을 의식하지 않는다. 그와 같이 사람들은 문제가 생겼을 때만 신을 의식한다. 그렇지 않으면 아무도 신을 기억하지 않는다. 사실 신은 그대의 호흡보다, 아니 그대 자신보다 더 가까이에 있다. 하지만 그대는 항상 이것을 잊어버린다. 이것을 자각해본 일이 있는가?

그대는 무엇인가 없을 때 그것을 기억하고자 한다. 그 무엇인가 있을 때는 너무나 당연한 것으로 여기고 잊어버린다. 사실 신은 우리가 잃어버릴 수 있는 대상이 아니다. 그래서 신을 기억하는 일이 어려운지도 모르겠다. 아주 소수의 사람만이 신을 기억한다. 신은 결코 우리 곁을 떠나본 적이 없다. 그래서 신을 기억하는 일이 그다지도 어려운지 모르겠다.

바닷속의 물고기는 쉽게 바다를 잊어버린다. 물고기를 해변이나 모래사장 위에 꺼내놓아 보라. 그때 물고기는 바다를 쉽게 기억한다. 그러나 그대를 신 밖으로 꺼내놓을 방법이 없다. 신의 바다에는 해변이 존재하지 않기 때문이다. 따라서 그대는 물고기와 같은 처지가 아니라 파도와 같다. 사실 그대가 곧 신이다. 그대의 본성이나 신의 본성은 똑같은 것이다.

바로 이런 상징성 때문에 이번 일화에는 오나미, 즉 '큰 파도'라는 이름이 등장하는 것이다.

거의 모든 스모 기술을 터득한 달인이었다. 그는 개인적으로 시합을 하면 자기 스승도 이겼지만…….

그는 모든 스모 기술을 터득한 달인이었지만 개인적으로 시합을 할 때나 사람들을 이겼다. 개인적으로 시합을 하면 자의식을 쉽게 잊기 때문이다.

이 경문을 잘 기억하라. 자아를 기억하면 신을 잊는다. 자아를 잊으면 신을 기억한다. 그러나 두 가지를 동시에 할 수는 없다. 파도가 자신이 파도라고 생각하면 자신이 바다임을 잊는다. 파도가 자신이 바다임을 알면 자신이 파도라고 생각하지 않는다. 오직 한 가지만 가능하다. 파도는 자신이 파도라고 생각하거나 아니면 바다라고 생각할 수 있을 뿐이다. 그것은 게슈탈트Gestalt, 완전한 구조와 전체성을 지닌 통이다. 그대는 두 가지를 동시에 기억할 수 없다. 그것은 불가능한 일이다.

그는 개인적으로 시합을 하면 자기 스승도 이겼지만 공개적으로 시합을 하면 자기 제자에게도 졌다.

오나미는 개인적으로 시합을 하면 자아를, 에고를 완전히 잊을 수 있었던 게 틀림없다. 그래서 엄청난 힘을 발휘할 수 있었다. 하지만 공개적으로 시합을 하면 그의 자의식이 강해졌다. 그래서 아무런 힘도 쓸 수 없었다. 이렇게 자아를 의식하면 나약해지고 자아를 잊으면 강해지는 것이다.

하루는 근처 해안가의 사찰에 한 선사가 찾아왔다는 말을 들었다. 그는 조언을 구하고자 선사를 찾아갔다.
선사가 말했다.
"너의 이름은 '큰 파도'라는 뜻이 아니더냐. 오늘밤 이곳에 머물면서 바다에서 들려오는 파도 소리를 들어보라."

스승은 언제나 각각의 사람에 맞는 방편을 쓴다. 스승에게는 고정된 방편이 존재하지 않는다. 여기 스승은 '큰 파도'라는 뜻의 이름을 가진 오나미를 들여다보고 그의 이름에 맞는 방편을 만들어내고 있다. 스승은 오나미의 이름이 '큰 파도'를 뜻함을 알아보고 이렇게 말한다.

"너의 이름은 '큰 파도'라는 뜻이 아니더냐. 오늘밤 이곳에 머물면서 바다에서 들려오는 파도 소리를 들어보라."

'듣기Listening'는 신전으로 들어갈 수 있는 비밀 중의 하나이다. 듣기에는 수동성의 뜻이 내포되어 있다. 듣는다함은 자신을 완전히 잊는다는 뜻이다. 자신을 완전히 잊을 때라야 그대는 진정으로 들을 수 있다. 그대가 주의 깊게 다른 사람의 말을 들을 때를 보라. 그대는 자신을 완전히 잊는다.

그대가 자신을 잊지 못하면 상대방의 말을 들을 수 없다. 그대가 자의식을 강하게 느끼면 상대의 말을 듣지 못한다. 기껏해야 듣는 체할 수 있을 뿐이다. 고개를 끄덕이거나 가끔 '그래요'라는 말을 할지 모르지만 사실 그대는 상대의 말을 듣고 있지 않는 것이다.

진정으로 들으면 그대는 하나의 수동적인 통로, 하나의 자궁이 된다. 그대의 존재는 여성적으로 변화한다. 누구나 존재의 집에 도달하기 위해서는 여성적으로 변해야 한다. 저돌적이고 공격적인 침입자로서는 신에 도달할 수 없다. 어쩌면 '그대가 수용적이고 여성적일 때라야 신이 그대에게 도달할 수 있다'고 말하는 게 정확할지 모르겠다. 그대가 수용적인 사람이 되었을 때 비로소 문이 열린다. 문이 열릴 때까지는 묵묵히 기다려야 한다.

듣기는 내면을 수동적으로 변화시킬 수 있는 방편이다. 붓다는 듣를 역설했다. 사람의 귀에는 상징적인 데가 있다. 그대는 귀를 살펴본 적이 있는가? 사람의 귀에는 귓바퀴가 있고 구멍이 나있다. 그래서 사람의 귀는 통로 역할을 한다. 귀는 눈보다 여성적이다. 사람의 눈은 상당히 남성적이다. 사람의 귀가 음의 역할을 한다면 눈은 양의 역할을 한다. 그대는 상대를 볼 때 다분히 공격적이다. 하지만 상대의 말을 들을 때는 수용적으로 변한다.

그래서 어느 사회에서나 상대를 지나치게 오래 바라보는 것을 무례한 행위로 간주한다. 상대를 바라보는 데도 한계가 있는 것이다. 심리학자들은 3초를 한계로 본다. 3초 정도는 괜찮다. 하지만 3초 이상 상대를 바라보면 이것은 노려보는 것이 된다. 이것은 상대의 영역을 침범하는 행위요 상대를 불쾌하게 만드는 행위이다.

그렇지만 상대의 말을 듣는 데에는 한계가 없다. 귀는 상대의 영역을 결코 침범하지 않기 때문이다. 어디에 있든 귀는 수용적이다. 하지만 눈은 저돌적이다. 그래서 눈은 휴식을 필요로 한다. 밤에 눈과 귀에 어떤 일이 벌어지는지 살펴본 일이 있는가? 밤에 눈은 휴식을 필요로 하지만 귀는 그렇지 않다. 귀는 24시간 어느 때고 열려 있다. 하지만 눈은 잠시도 열려 있는 상태를 유지하지 못한다. 끊임없이 깜박이고 끊임없이 에너지를 소비한다. 눈은 공격적이다. 눈은 공격적으로 끊임없이 에너지를 소비하기 때문에 지칠 수밖에 없다. 그래서 휴식을 위해 눈은 끊임없이 깜박인다. 이에 반해 귀는 항상 편하게 쉰다.

여러 종교에서는 음악을 기도에 사용했다. 음악은 귀를 보다 민감하게, 보다 살아 있게 만들어주기 때문이다. 그러므로 가능하면 눈보다 귀를 더 많이 사용하는 게 좋다.

선사는 이렇게 말하고 있는 것이다. '그저 귀가 되어라. 다른 것은 할 필요가 없다. 무슨 일이 왜 일어나는지 생각하지 말고 다간 듣기만 하라. 밖에서 들려오는 것을 해석하려고 들지 말라. 아무것도 하지 말라. 그리고 계속 듣기만 하라.' 그러고 나서 선사는 이렇게 말한다.

"네가 파도가 되었다고 느껴보라."

이것은 이런 말이다.

'먼저 깨어서 들어라. 그러면서 점점 파도와 하나가 돼라. 완전한 침묵과 수용성 속에서 자신이 거대한 파도가 되었다고 느껴라. 먼저 공격적인 마음을 버리고 수용적인 자세를 취하라. 그대의 마음이 수용적이 되었을 때 파도 속으로 녹아들라. 그리고 자신이 파도가 되었다고 느껴라.'

스승은 오나미가 자아와 에고를 잊을 수 있는 방편을 주고 있다. 첫째 단계는 수용이다. 수용 속에서는 에고가 존재할 수 없다. 에고는 투쟁 속에서만 존재한다. 그대가 완전히 수용적으로 되면 그대의 상상력은 엄청난 힘을 발휘한다.

수용적이고 민감한 사람은 상상력이 풍부한 사람이다. 아주 미묘한 공격성도 없이 수목의 푸름을 볼 수 있는 사람들은, 수목의 푸름을 마실 수 있는 사람들은, 스펀지처럼 수목의 푸름을 흡수할 수 있는 사람들은 대단히 창조적인 사람들이다. 상상력이 대단히 민감한 사람들이다. 그들이 곧 시인이요 화가며 무용가요 음악가이다. 그들은 대단히 민감한 수용성으로 우주를 들이마시고 이를 상상력으로 표현한다.

상상력은 신에 가장 가까이 다가갈 수 있는 힘이다. 신은 거대한 상상력의 소유자이다. 그가 만든 세상을 생각해보라! 그가 만든 세상을 바라보라! 꽃과 나비, 수목, 강, 사람 등이 넘쳐흐르는 세상, 이런 세계를 창조한 신의 상상력은 더없이 풍부하다. 수많은 별들, 수많은 세상들, 끝없이 펼쳐지는 세계들……. 신은 위대한 몽상가이다. 힌두인들은 세상이 신의 꿈이요 신의 상상이라고 말한다. 세상은 신의 마법이요 신의 상상이다. 신은 세상을 꿈꾸고 우리는 그 꿈의 일부이다.

스승은 오나미에게 말한다.

"네가 파도가 되었다고 느껴보라."

이것은 이런 말이다.

'그리고 창조성을 품으라. 먼저 수용성을 품고 다음으로 창조성을

품으라. 일단 에고를 놓기만 하면 그대는 물처럼 흘러 상상하는 것은
무엇이나 실현된다.'

　스모는 다 잊어버리고 모든 것을 휩쓸어가는 거대한 파도가 되었
다고 느껴보라.
　그래서 오나미는 그날 밤 사찰에서 지냈다. 그는 파도만을 생각하
려고 했으나…….

　물론 처음에는 파도만을 생각한다는 게 쉽지 않았다. 여러 잡념들
이 떠올랐다. 이것은 자연스러운 일이다. 많은 잡념들이 떠올랐으나
오나미는 계속 파도에 집중했다. 그는 인내심이 많은 사람이었을 것
이다.

　하지만 시간이 지나자 서서히 파도만을 생각할 수 있었다.

　그리고 나서 어느 순간이 찾아왔다. 찾고 찾으면, 노력하고 노력하
다 보면 여러 생에 걸쳐 그대가 소망했던 것이 일어나는 순간이 찾아
온다. 그러므로 참을성이야말로 수행의 중요한 덕목이라 하겠다.

　하지만 시간이 지나자 서서히 파도만을 생각할 수 있었다. 밤이 깊
어갈수록 파도는 더욱더 거세졌다.

사실 밤이 깊어갈수록 더욱더 거세어진 파도는 진짜 파도를 가리키지 않는다. 이것은 오나미의 상상 속에서 일어난 파도다. 하지만 서서히 상상의 파도와 진짜 파도 사이의 구분이 사라져갔다. 그리고 드디어는 사이의 구분이 완전히 사라졌다. 이제 오나미는 무엇이 무엇인지, 무엇이 꿈이고 무엇이 진짜인지 구분을 할 수 없었다. 그는 다시 어린아이가 되었다. 오직 어린아이에게만 그런 능력이 있다.

아침에 눈을 뜨자마자 꿈에서 본 장난감을 잃어버렸다고 우는 아이를 보았는가? 아이는 계속해서 장난감이 어디 있냐고 물으면서 운다. 그러면 아버지가 "그건 꿈일 뿐이야."라고 하지만 아이는 계속해서 "그건 그렇고 장난감은 어디 있는 거예요."라고 묻는다. 꿈과 현실을 구분하지 못하는 것이다. 아이는 꿈과 현실, 둘 다를 하나의 실제로 인식한다. 이처럼 그대가 대단히 수용적인 사람이 되면 다시 어린아이가 된다.

밤이 깊어갈수록 파도는 더욱더 거세졌다. 불상 앞의 꽃병에 든 꽃들을 휩쓸어갔다. 그리고 꽃병마저 휩쓸어갔다. 심지어 불상마저 휩쓸어갔다.

아름다운 이야기이다! 불교도가 불상이 파도에 휩쓸려간다고 상상하기란 대단히 어려운 일이다. 상상하는 사람이 불교에 대한 애착이 강한 경우에는 상상 속에서 불상이 떠내려가는 일이 발생하면 상상을 멈춰버릴 것이다. '아니 이게 뭔가! 불상이 떠내려가다니! 내가 지금 뭘 하고 있는 거야! 아니야, 나는 파도가 아니야.' 그는 불상 앞에 엎드려 절을 했으면 했지 불상이 떠내려가는 일은 도저히 상상할 수 없을 것이다. 하지만 이 점을 명심하라. 그대가 가는 구도의 여정에서 크나큰 도움을 준 것도 언젠가는 떠나가야 한다. 붓다도 불상도 떠내려가야 한다. 문에 집착하면 문 안으로 들어갈 수 없는 법이기 때문이다.

불상 앞의 꽃병에 든 꽃들을 휩쓸어갔다. 그리고 꽃병마저 휩쓸어갔다. 심지어 불상마저 휩쓸어갔다. 새벽이 되자 사찰에는 거센 파도만이 출렁였으며…….

진짜 거센 파도만이 출렁였다는 말이 아니다. 오나미의 상상 속에서 그랬다는 말이다. 파도의 출렁임은 완전히 다른 차원에서 일어나고 있었다. 시와 상상, 꿈, 직관, 여성성, 천진성, 순수성이란 차원에서 일어나고 있었다. 오나미는 상상력의 문을 열어젖혔다. 수용적으로 파도 소리를 들으면서 그의 상상력은 날개를 펴고 날아오르기 시작했다. 일천 장의 꽃잎이 달린 연꽃으로 피어나기 시작했다.

새벽이 되자 사찰에는 거센 파도만이 출렁였으며 오나미는 입가에 잔잔한 미소를 띠고 그대로 앉아 있었다.

오나미는 붓다가 되었다! 어느 날 보리수나무 아래 앉아 있던 붓다에게 찾아온 잔잔한 미소가 오나미에게 찾아왔다. 갑자기 오나미가 사라졌다! 그의 미소는 존재의 집으로 돌아온 자에게서 나오는 미소였다. 존재의 집에 도달한 자에게서, 무엇을 찾아 어디로 갈 필요가 없는 자에게서 나오는 미소였다. 존재의 근원에 도달한 자에게서 나오는 미소였다. 죽음으로써 부활한 자에게서 나오는 미소였다. 그렇게 오나미는 입가에 잔잔한 미소를 띠고 앉아 있었다.

바로 그날 오나미는 스모대회에 나가 모든 선수들을 물리쳤다. 이후 일본에서는 그를 상대할 수 있는 선수가 없었다.

왜냐하면 힘은 오나미에게서 나오지 않았기 때문이다. 그는 더 이상 과거의 오나미가 아니었다. 그는 파도가 아니라 바다가 되었다. 어떻게 그대가 바다를 이길 수 있겠는가? 그대가 이길 수 있는 건 오직 파도뿐이다.

그대가 에고를 놓는 순간, 그대의 패배, 실패, 좌절 등은 모두 떨어져나간다. 에고가 남아 있으면 그대는 실패할 수밖에 없다. 에고가 남아 있으면 그대는 약할 수밖에 없다. 에고를 놓으라. 그러면 무한한 에너지가 그대에게 흘러 들어온다. 에고를 내려놓으면 그대는 강물이 되어 흐른다. 녹아든다. 하나 된다. 생명이 넘쳐흐른다.

모든 생명은 전체계에서 흘러나온다. 그래서 혼자서 살 수 있다는 생각은 어리석은 생각일 뿐이다. 이것은 마치 나무의 이파리가 혼자서 살겠다는 생각과 같다. 그뿐 아니라 이파리가 나무와 싸우고 다른 이파리들과 싸우고 뿌리와 싸우는 것과 같다. 나무에게, 다른 이파리에게, 뿌리에게 적의의 칼날을 세우는 것과 같다. 우리 모두는 커다란 나-이를 신이라 불러도 좋고 전체계라 불러도 좋다-에 달려 있는 이파리들이다. 우리 모두는 무한한 생명의 나무에 달려 있는 작은 이파리들이다. 그러므로 나무와 싸우려고 하지 말라. 존재의 집에 도달하는 유일한 길은 그대의 에고를 완전히 내려놓는 것이다.

완벽주의

이런 아름다운 이야기를 들었다. 위대한 조각가이자 화가인 예술가가 있었다. 그의 예술 작품은 너무나 완벽하여 그가 만든 조상과 실물을 구분하기 어려울 정도였다. 그의 조상은 너무나 생생하여 실제 사람을 보는 것 같았다.

그런데 어느 날 한 점성가가 이렇게 예언했다.

"당신이 죽을 날이 얼마 남지 않았소."

생이 얼마 남지 않았다는 점성가의 말에 그는 두렵고 무서웠다. 사람들이 그러는 것처럼 예술가도 죽음을 피할 수만 있다면 피하고 싶었다. 그는 죽음에 대해 사색을 하고 묵상을 하다가 한 가지 묘책을 발견했다. 자신의 조상을 만드는 것이었다. 예술가는 자신의 조상을

11개 만들었다. 드디어 죽음의 사자가 그의 문을 두드렸을 때 그는 자신이 만든 11개의 조상 사이에 숨었다. 그리고 숨을 멈추었다.

죽음의 사자가 당황했다. 죽음의 사자는 자신의 눈을 믿을 수 없었다. '똑같은 사람이 이렇게나 많이 있다니. 신은 결코 같은 사람을 창조하지 않는 법이다. 신은 언제나 세상에 유일무이한 피조물을 창조한다. 신은 어떠한 것도 반복하지 않는다. 공장에서 물건을 찍어내듯 하지 않는다. 신은 결코 복사하는 법이 없다. 창조만을 알 뿐이다.' 그런데 이 무슨 일인고! 12명이나 되는 사람이 완벽하게 똑같다니! 어떻게 해서든 한 사람을 데려가야 할 텐데, 과연 누구를 데려간단 말인가? 죽음의 사자는 판단을 내릴 수 없었다. 당혹감에 초조하게 생각하고 생각하다가 결국 되돌아가고 말았다.

신에게 되돌아간 죽음의 사자가 물었다.

"어떻게 된 일입니까? 신께서는 12명이나 되는 사람을 똑같이 만들어 놓으셨습니다. 저의 임무는 한 번에 한 사람만을 데려오는 것입니다. 어떻게 하면 좋겠습니까?"

신이 웃으며 죽음의 사자에게 가까이 다가오라고 일렀다. 그리고는 사자의 귀에 대고 가짜 조상들 속에서 진짜 사람을 골라낼 수 있는 비책을 일러주었다.

"다시 가거라. 그의 방에 도착하거든 내가 일러준 비책을 조상들을 향해 말하라."

죽음의 사자가 되물었다.

“정말 그럴 수 있을까요?”

신이 말했다.

“걱정하지 말라. 내가 알려준 대로 해보라.”

그래서 죽음의 사자는 예술가의 집으로 되돌아갔다. 하지만 신이 알려준 비책에 대한 의구심은 지울 수 없었다. 하여튼 죽음의 사자는 예술가의 방으로 들어가 주위를 둘러보며 이렇게 말했다.

“당신의 작품은 완벽하오, 한 가지만 빼면 말이오. 당신의 작품은 더없이 빼어나오. 하지만 당신은 한 가지 실수를 했소.”

이 말을 듣자마자 예술가는 자신이 조상들 사이에 숨어 있다는 사실을 망각한 채 뛰쳐나오며 소리를 질렀다.

“무슨 실수요?”

죽음의 사자가 웃으며 말했다.

“잡았다! 이게 너의 유일한 실수다. 너는 자신을 잊지 못했다. 자, 나를 따라오라.”

보통의 예술가들은 세상에서 가장 강한 에고이스트이다. 그런 예술가는 참다운 예술가라고 할 수 없다. 그런 예술가는 자신의 에고 만족을 위해 예술을 이용할 뿐이다. 예술가들의 에고는 대단히 강하다. 그들은 자신이 얼마나 대단한지 허풍을 떨고 다른 사람들과 치열한 경쟁을 한다. 예술가들은 예외 없이 자신만이 최고라고 생각한다. 우리는 이런 예술을 두고 진정한 예술이라고 말할 수 없다.

진정한 예술은 완전히 사라져 버렸다. 오늘날 세칭 예술가라고 하는 사람들은 기술자에 불과하다. 나는 그들을 기술자라고 부르지 예술가라고 부르지 않는다. 나는 그들을 조립가라고 부르지 창작가라고 부르지 않는다. 시를 조립하는 일과 시를 창작하는 일은 완전히 별개의 것이다. 시를 조립하기 위해서는 언어와 문법과 시학만 있으면 된다. 그것은 언어 게임에 불과하다. 그대가 언어를 넘어선 전체 게임을 알 때야 비로소 창작을 할 수 있게 된다. 시가 언어 게임에서 그치면 비록 대단해 보일지라도 그건 거죽에 머무는 일이다. 영혼이 없는, 죽은 것이다. 영혼은 예술가가 예술 속으로 사라져야 나타난다. 화가는 진정한 내맡김 속에서 그림을 그릴 때 그림에 사인을 할 수 없다. 왜냐하면 그는 그림을 그린 건 자신이 아님을 알기 때문이다. 그런 그림은 알 수 없는 어떤 힘이 그를 통해서 그린 것이다. 이런 것이 참다운 예술가의 경험-알 수 없는 힘에 내맡기는 것-이다. 그래서 위대한 예술가일수록 느낌이 맑다.

모차르트와 베토벤, 칼리다스Kalidas, ‘인도의 셰익스피어’라고 불리는 5세기 인도 시인_역주, 타고르 등과 같은 위인들은 ‘자신이 완전히 비워졌을 때 존재계가 자신을 통해 노래하고 있음’을 깨달았다. 그들은 피리가 되었지만 노래는 그들의 것이 아니었던 것이다. 노래는 그들을 통해서 흘러나왔다. 알 수 없는 근원으로부터 흘러나왔다. 그들은 노래가 근원으로부터 흘러나오는 것을 막지 않았다. 그것이 그들이 한 일의 전부였다. 그들 자신이 노래를 창작한 게 아니었던 것이다.

이것은 하나의 역설이다. 진정한 창조가는 자신이 창조하는 게 아니라 존재계가 자신을 통해 창조함을 안다. 존재계가 그를, 그의 존재를 사로잡아 창조를 하는 것이다. 그는 존재계의 도구가 된다. 이것이 진정한 예술이다. 진정한 예술 속에서는 예술가도 사라지고 그의 에고도 사라진다. 그럴 때 그의 예술은 종교성으로 승화된다. 그럴 때 예술가는 신비가로 변형된다. 그럴 때 그의 예술은 기술적으로도 훌륭할 뿐 아니라 존재론적으로도 훌륭한 것이 된다.

예술가가 자신의 작품 속으로 사라질수록 그의 작품은 더욱 완벽해진다. 예술가가 완전히 사라졌을 때 그의 작품은 완전히 완벽해진다. 이를 명심하라. 예술가가 자신의 작품에 많이 드러날수록 그의 작품은 완벽에서 멀어진다. 예술가가 작품 속에서 완전히 드러났을 때 그 작품은 더없이 추해진다. 그런 작품은 그저 에고의 표현일 뿐이다. 그런 에고는 신경증에 다름 아니다.

다음 한 가지를 더 기억하라. 에고는 항상 완벽을 추구한다. 에고는 완벽주의자이다. 에고는 항상 타인보다 높아지려고 한다. 그래서 에고는 완벽주의자이다. 그러나 에고를 통해서는 결코 완벽을 이룰 수 없다. 그러므로 에고를 통해 완벽을 이루고자 하는 것은 자기모순이다. 완벽은 에고가 없을 때만 가능하다. 완벽은 완벽에 대해 아무런 생각도 떠오르지 않을 때만 일어난다.

그러므로 진정한 예술가는 완벽을 생각하지 않는다. 그는 일이 일어나도록 다만 자신을 존재계에 내맡긴다. 진정한 예술가는 전체성을 생각할 뿐, 완벽성에 대해서는 결코 생각하지 않는다. 그는 작품에 전체적으로 몰입한다. 그뿐이다. 그는 춤을 출 때 춤 속으로 사라진다. 그는 춤 속에 남아 있으려고 하지 않는다. 춤 속에 춤추는 사람이 남아 있으면 그것은 춤을 방해할 뿐이다. 하늘의 은총이 내려오는 것을 막을 뿐이다. 춤추는 자가 사라질 때 모든 막힘이 사라지고 침묵 속에서 존재계가 흘러 내려온다.

진정한 예술가는 전체성을 생각하지 완벽성을 생각하지 않는다. 전체성으로 몰입할 때 자연스럽게 완벽해지는 것, 이것이 진정한 아름다움이다. 그대가 완벽을 추구하면 결코 전체적으로 몰입할 수도, 완벽해질 수도 없다. 그대의 신경증만 깊어갈 뿐이다. 그대는 이상을 목표로 하여 항상 비교하며 열등감에 사로잡힌다.

목표로 하는 이상을 실현하지 못했을 때 그대는 자신이 완벽하지 않다고 믿는다. 따라서 자신의 행위 속으로 전체적으로 몰입하지 못한다. '나는 니진스키처럼 되어야 한다.'고 생각한다면 어떻게 자신의 춤 속으로 몰입할 수 있겠는가? 그대는 끊임없이 주위를 둘러보고, 자신을 살펴보고, 춤을 발전시키려고 노력하고, 실수한다. 그대는 수없이 많은 부분들로 나뉜다. 그대의 이쪽 부분은 춤을 추고 다른 쪽 부분은 판정을 하고 또 다른 쪽 부분은 비판을 하면서 말이다. 그대는 이렇게 조각조각 나뉜다.

니진스키는 완벽했다. 왜냐하면 그는 전체적으로 몰입했기 때문이다. 그는 춤을 추다가 믿을 수 없을 정도로 높이 도약을 하곤 했다. 관객들은 믿을 수 없었다. 믿을 수 없는 건 과학자들도 매한가지였다. 그의 도약은 그야말로 중력의 법칙을 초월하는 것이었다. 그런 도약을 했다가 무대 위에 착지를 할 때는 더욱 놀라운 일이 벌어졌다. 그는 아주 서서히, 깃털처럼 천천히 내려오곤 했던 것이다. 그것은 중력의 법칙에 반하는 일이었다.

니진스키는 이에 대한 질문을 수없이 받았다. 그래서 그는 자신의 춤을 의식하기 시작했다. 그러자 그의 놀라운 도약이 사라지기 시작했다. 그리고 어느 날 니진스키는 더 이상 놀라운 도약을 할 수가 없게 되었다. 이유는 니진스키가 자신의 춤을 의식하게 된 데 있었다. 그래서 전체성을 상실하게 되었다. 후에 니진스키는 자신이 왜 더 이상 놀라운 도약을 할 수 없는지, 그 원인을 깨달았다. 그러자 다시 놀라운 도약이 일어났다. 그것은 니진스키가 춤 속으로 완전히 사라졌을 때만 일어나곤 했다. 이렇게 완전한 내맡김, 완전한 이완 속으로 들어가면 전적으로 다른 세계의 법칙이 기능을 하는 것이다.

새로운 법칙을 하나 말해주겠다. 머지않은 미래의 과학자들은 이 법칙을 발견할 것이다. 나는 이것을 '은총의 법칙'이라 부른다. 지금은 누구나 중력의 법칙을 알고 있으나 300년 전까지만 해도 아무도 중력의 법칙을 몰랐다. 300년 전까지 사람들이 중력의 법칙을 몰랐다고 중력의 법칙이 기능을 하지 않은 것은 아니었다. 법칙은 영원에서 영원으로 기능을 한다. 따라서 중력의 법칙은 뉴턴의 사과와는 아무런 관련이 없다고 할 수 있다. 뉴턴 이전에도 사과는 계속 떨어지고 있었던 것이다! 뉴턴이 중력의 법칙을 발견하고 나서야 비로소 사과가 나무에서 떨어지기 시작한 게 아니란 말이다. 이것은 뉴턴이 그전까지 숨어 있던 법칙을 발견한 데 불과했다.

중력의 법칙과 대단히 유사한 법칙이 또 하나 있다. 은총의 법칙이 그것이다. 중력의 법칙이 사물을 아래로 끌어내리는 데 반해 은총의 법칙은 사물을 위로 끌어올린다. 요가에서는 이를 공중부양이라고 한다. 완전히 자신을 방기하면, 신성에 취하면, 완전히 내맡기면, 에고가 사라지면 은총의 법칙이 작용을 시작한다. 그때 사람은 무게를 잃고 위로 상승하기 시작한다. 니진스키에게 일어난 도약은 바로 이것이었다. 하지만 그대는 니진스키의 도약을 할 수는 없다. 니진스키의 도약은 그대가 철저히 사라졌을 때라야 비로소 일어나는 것이다.

에고는 그대의 목에 걸린 바위와 같다. 에고가 없으면 그대는 몸무게를 상실하기 시작한다. 그대는 지금까지 살면서 이런 경험이 있는가? 삶을 살다 보면 누구나 몸무게를 전혀 느끼지 못하는 순간이 찾아온다. 그대는 땅 위를 걷지만 그대의 발은 땅에 닿지 않는다. 공중을 걸어가는 것이다. 더없는 기쁨의 순간에, 기도의 순간에, 명상의 순간에, 찬미의 순간에, 사랑의 순간에. 그대는 몸무게를 상실하고 위로 상승하기 시작한다.

나는 머지않아 과학이 이 법칙을 발견할 것으로 확신한다. 과학에는 항상 양극의 법칙이 존재한다. 어떠한 법칙도 홀로 존재하지 않는다. 모든 법칙은 반대편 법칙을 상대로 하여 존재할 뿐이다. 음극만 있으면 전기는 발생하지 않는다. 음극과 더불어 양극이 있을 때라야 비로소 전기가 생긴다. 음극과 양극은 서로를 보완해 주는 역할을 하는 것이다.

이런 시각에서 본다면 각각의 법칙은 그 법칙을 보완해 줄 반대편 법칙을 필요로 하는 것이다. 중력의 법칙도 이를 보완해 줄 반대편 법칙을 필요로 한다. 나는 이를 은총의 법칙이라 부른다. 미래에 이 법칙을 발견한 과학자는 다른 이름을 붙일 수도 있을 것이다. 하지만 내가 보기에 '은총의 법칙'이란 이름이 더없이 아름답다.

지식

'현재 마음'이란 말이 있다. 이 말은 자기 모순적이다. 마음은 결코 현재에 존재할 수 없기 때문이다. 마음은 항상 과거에서 살기 때문이다. 마음은 과거다. 과거 외에 아무것도 아니다. 마음은 기억을 뜻한다. 따라서 '현재 마음'이라는 말은 성립할 수 없다. 현재에 존재한다는 말은 곧 마음 없이 존재한다는 말이기 때문이다.

그대가 '지금 여기'에 존재할 때 곧 현재에 존재하는 것이다. 보라, 그대가 진정으로 현재에 존재하면 마음이 사라진다. 생각이 힘을 쓰지 못하고 욕망이 일어나지 않는다. 그대는 과거와 단절되고 미래와도 단절된다. 마음은 그 속성상 결코 독창적이지 않다. 무심만이 독창적이요, 싱싱하다. 마음은 항상 낡고 부패해 있다.

과거의 역사 속에서는 내가 말하는 것과 완전히 다른 맥락에서 '현대의 마음'이라는 말을 사용했다. 19세기의 마음은 현재 우리의 마음과 완전히 다르다. 오늘날은 더 이상 19세기의 마음이 던진 질문들을 하지 않는다. 18세기에는 대단히 중요했던 질문들이 지금의 시각으로 보면 순진해 보인다.

"바늘 끝에서 몇 명의 천사가 춤을 출 수 있는가?"

이것은 중세시대에 가장 많이 논란이 된 신학적 문제였다. 이제는 정신병자 말고 아무도 이런 문제를 중요하게 생각하지 않는다. 하지만 이 문제는 중세시대에 위대하다고 하는 신학자들이 토론을 하고 저명하다고 하는 교수들이 논문을 쓰던 주제였다.

"바늘 끝에서 몇 명의 천사가 춤을 출 수 있는가?"

대체 이게 무슨 문제가 될 수 있단 말인가? 말도 안 되는 소리일 뿐이다.

붓다 시대에는 '누가 세상을 창조했는가?'가 커다란 논란거리였다. 사람들은 무려 수백 년 동안 그런 논란을 계속했다. 하지만 지금은 누가 세상을 창조했는지에 대해 관심을 갖는 사람은 별로 없는 듯하다. 물론 구식의 사고방식을 지닌 사람들은 여전히 그런 의문에 대해서 사색할지 모르지만 내게 그런 질문을 하는 사람은 거의 없다. 그러나 붓다 시대는 지금하고 완전히 달랐다. 붓다는 단 하루도 빠짐없이 누가 세상을 창조했는지에 관한 질문을 받아야 했다.

"누가 우주를 창조했는가?"

붓다는 질문을 받을 때마다 이렇게 답을 하곤 했다.

"세상을 창조한 이것은 존재하지 않는다. 세상은 무시로 존재했다."

그렇지만 붓다의 대답을 듣고 만족하는 사람은 없었다. 그러나 이제는 누구도 그런 문제에 대해 신경 쓰지 않는다. '누가 세상을 창조했는가?'라는 질문을 내게 하는 사람은 거의 없다. 이런 의미에서 본다면 인간의 마음은 시대에 따라서 변하는 모양이다.

현대의 마음이란 것은 존재하지 않는다. 유행은 왔다가 지나간다. 마음의 유행만이 왔다가 갈 뿐, 마음 자체는 과거이다. 마음이란 오래된 과거요 기억일 뿐, 현대의 마음이란 존재하지 않는다. 가장 현대적인 마음조차도 과거이다.

참으로 살아 있는 사람은 '지금 여기'에 존재하는 사람이다. 그는 과거를 가지고 살지도 않으며 미래를 위해서 살지도 않는다. 그는 오직 순간에 살고 순간을 위해서 산다. 그에게는 순간이 전부이다. 그는 자연스럽게 흐른다. 그의 자연성은 무심에서 우러나오는 향기다. 마음은 항상 되풀이한다. 마음은 항상 같은 자리를 맴돈다. 마음은 하나의 기계이다. 마음이라는 기계에 지식이라는 연료를 넣어주면 그 마음은 같은 지식을 계속 반복한다. 똑같은 지식을 끊임없이 되풀이한다. 반면 무심은 명료하고 순수하다. 무심만이 참으로 사는 길이요 참으로 아는 길이요 참으로 존재하는 길이다.

지식은 가짜 모조품이다. 지식은 지성의 대용물에 불과하다. 지성은 지식과는 완전히 다른 현상이다. 지성은 엄청난 용기를 필요로 하며 모험을 필요로 한다. 지성을 위해서는 끊임없이 미지의 세계로, 미지의 바다로 나아가야 한다. 그래야 지성이 자라고, 그래야 지성이 날카로워진다. 지성은 매 순간 미지의 세계로 나아가야만 자라는 것이다. 사람들은 미지의 세계를 두려워한다. 미지의 세계를 불안한 것으로 생각한다. 자신에게 친숙한 세계를 넘어가려고 하지 않는 것이다. 그래서 사람들은 지성의 가짜 대용품을 만든다. 그것을 일러 지식이라고 한다. 지식은 정신적인 게임에 불과하다. 지식에는 창조적인 면이 하나도 없다.

한번 대학에 가서 보라. 거기서 어떤 창조적인 일들이 진행되고 있는지. 대학교에서는 수많은 논문들이 쏟아져 나온다. 문학박사, 철학박사, 과학박사의 논문들이 수없이 쏟아져 나온다. 그러나 이들 학위와 논문이 끝내는 어떻게 되는지 아무도 모르는 것 같다. 이들 논문은 아무도 이용하지 않는다. 그저 도서관에서 쌓여갈 뿐이다. 그들의 수많은 학위논문들을 읽는 사람도 없고 논문으로부터 감명을 받는 사람도 없다. 물론 몇 사람은 읽는다. 그들 역시 같은 종류의 사람들이다. 기껏 해 보았자 또 다른 논문을 쓰기 위해 읽을 뿐이다. 학위를 얻고자 하는 사람들만 읽을 뿐이다.

이런 대학교에서는 셰익스피어나 밀턴, 도스토옙스키, 톨스토이, 타고르, 지브란 등과 같은 위인들이 나오지 않는다. 이런 대학교들은 완전히 쓸모없는 무용지물만 배출하고 있을 뿐이다. 이렇게 대학에서 벌어지는 일들이 곧 지식의 행위이다.

지성은 피카소와 고흐, 모차르트, 베토벤 등과 같은 사람들을 배출한다. 지성은 지식과는 완전히 다른 차원의 세계이다. 지성은 머리의 일이 아니다. 지성은 가슴의 일이다. 지식은 머리가 작용하는 상태요 지성은 가슴이 깨어나는 상태를 가리킨다. 그대의 가슴이 깨어날 때, 그대의 가슴이 깊은 감사함으로 춤을 출 때, 그대의 가슴이 존재계와 하나 될 때, 존재계와 조화를 이룰 때, 거기에서 창조가 일어난다.

'지적인 창조'는 불가능하다. 지식은 쓰레기를 생산할 뿐이다. 그렇다. 지식은 생산을 잘한다. 하지만 창조는 하지 못한다. 생산과 창조는 어떻게 다른가? 생산은 기계적인 활동이다. 컴퓨터는 이런 기계적인 생산을 아주 잘한다. 인간보다 훨씬 효율적으로 한다. 하지만 지성은 창조를 하지 생산은 하지 않는다. 생산은 똑같은 것의 반복적인 활동이다. 이미 한 일을 끊임없이 반복하는 것이다. 이에 반해 창조는 존재계에 새로운 것을 드러내는 길이다. 미지의 세계를 기지의 세계에 드러내는 길이다. 하늘의 세계를 지상의 세계에 드러내는 길이다.

베토벤이나 미켈란젤로, 칼리다스 등과 같은 사람들은 하늘의 문을 연다. 그래서 피안彼岸의 꽃비를 내리게 한다. 나는 붓다와 그리스도, 크리슈나, 마하비라, 자라투스트라, 마호메트 등의 창조에 대해서는 얘기하지 않겠다. 왜냐하면 그들이 창조한 것은 대단히 미묘해서 그대가 이해할 수 없기 때문이다. 미켈란젤로의 창조는 물질적이다. 고흐의 창조는 눈에 보인다. 하지만 붓다가 창조한 것은 눈에 보이지 않는다. 그래서 붓다의 창조를 이해하기 위해서는 완전히 다른 차원의 감수성이 필요하다. 붓다를 이해하기 위해서는 지성이 필요하다. 붓다의 창조는 엄청난 지성에서 나온 것일 뿐 아니라 너무나 초월적인 것이어서 붓다의 창조를 이해하기 위해서는 지성이 필요한 것이다. 붓다의 창조를 이해하는 데 지식은 아무런 도움이 되지 않는다.

오지 두 종류의 사람들만이 창조를 한다. 시인과 신비가가 그들이다. 시인은 물질의 세계에서 창조를 하고 신비가는 신비의 세계에서 창조를 한다. 시인은 외부의 세계에서 창조를 한다. 그림과 시, 노래, 음악, 춤으로 창조를 한다. 이에 반해 신비가는 내면의 세계에서 창조를 한다. 시인의 창조는 객관적이고 신비가의 창조는 주관적이다. 먼저 그대는 시인의 세계를 이해할 수 있어야 한다. 그래야 어느 날 신비의 세계도 이해할 수 있게 된다. 신비가는 가장 높은 창조의 차원에서 피어난 꽃이다. 하지만 그대에게 눈이 없다면 신비가의 창조는 보이지 않는다.

붓다는 단 한 점의 그림도 그리지 않았다. 그는 붓조차 들어본 일이 없다. 또한 붓다는 하나의 시도 만들지 않았으며 하나의 노래도 부르지 않았다. 그가 춤추는 것을 보았다는 사람은 없다. 그는 언제나 침묵 속에 앉아 있었다. 그의 전 존재가 침묵이었던 것이다. 맞다. 그에게서는 천상의 아름다움이 퍼져 나왔다. 무한의 아름다움이 퍼져 나왔다. 하지만 그의 아름다움을 느끼기 위해서는 그만큼 예민하게 깨어 있어야 했다. 그만큼 마음의 문이 열려 있어야 했다. 그대는 붓다와 함께 있으면 구경꾼으로 있을 수 없다. 그대는 붓다의 세계에 참여

해야 한다. 그것은 함께 참여할 때만 느낄 수 있는 신비이기 때문이다. 그대가 붓다의 존재에 참여하면 붓다가 무엇을 창조하는지 알아볼 수 있다. 그는 '의식'을 창조한다. 가장 순수한 형태의 의식, 가장 높은 차원의 의식을 창조한다.

노래도 아름답고 춤도 아름답다. 왜냐하면 노래와 춤 속에서 언뜻언뜻 신성이 드러나기 때문이다. 그러나 붓다 속에서는 신성의 전체가 드러난다. 그래서 우리는 붓다를 '바그완'Bhagwan, '신' 혹은 '신성'이라는 뜻의 산스크리트어_역주이라 부르고 마하비라도 바그완이라 부른다. 신성이 완전히 드러난 존재라 부른다.

지적인 활동에 몰입하면 한 분야의 전문가가 될 수 있다. 하지만 지적인 활동은 어둠 속을 더듬는 행위에 다름 아니다. 지식에는 눈이 없다. 지적능력과 명상은 아무 상관이 없다. 지식은 꾸어온 것이다. 그래서 지식 자체에는 사물을 분별할 수 있는 눈이 존재하지 않는다.

퀴즈 프로그램의 주제는 섹스였다. 몇 주 동안 아서는 텔레비전의 퀴즈 프로그램에서 모든 문제를 맞혔다. 이제 마지막 한 문제만 맞히면 적립된 상금, 십만 달러를 거머쥘 수 있었다. 이 문제를 맞히는 데 아서는 전문가의 의견을 구할 수 있었다. 당연히 아서는 세계적으로 저명한 프랑스 섹스학 교수를 지명했다.

마지막 문제가 나왔다.

"당신이 아시리아 제국을 건설한 황제가 되어 신혼 첫날밤, 신부 육

체의 세 군데에 키스를 하게 됩니다. 그 세 군데는 어디어디일까요?”

아서가 즉시 두 군데를 답했다.

“입술과 목입니다.”

그리고 마지막 한 군데에서 답이 막힌 아서는 정신없이 프랑스 전문가 쪽으로 돌아섰다. 그러자 프랑스 교수는 두 손을 들고서는 힘없이 말했다.

“내게 묻지 마세요. 난 이미 두 번이나 틀렸어요.” 프랑스 교수는 아서가 맞힌 두 군데를 다른 부위로 생각했기 때문에 이미 두 번이나 틀렸다고 고백한 것임_역주

이렇듯 전문가나 지식인은 스스로 볼 수 있는 눈이 없다. 지식인은 빌린 지식이나 전통, 인습에 의존한다. 그는 머리에 거대한 도서관을 넣고 다니지만 사물을 꿰뚫어 볼 수 있는 눈이 없다. 그는 사실 아무것도 모른 채 수많은 것들을 알고 있다.

삶은 끊임없이 변한다. 순간순간 변한다. 그래서 삶은 언제나 새롭다. 그런데 지식인들은 예전의 지식으로 변화된 삶에 해답을 제시한다. 그러니 그들의 해답은 틀릴 뿐 아니라 시대에 뒤쳐진 것일 수밖에 없다. 그들은 상황에 반동할 뿐이지, 상황에 반응하지 못한다. 자연스런 삶을 모르기 때문이다. 그들은 토론을 시작도 하기 전에 결론에 도달한다. 항상 똑같은 해답을 가지고 다닌다. 삶이 변하고 그로 인한 문제가 변했는데도 말이다.

삶은 결코 논리적인 현상이 아니다. 그러나 지식인은 논리로 삶을 산다. 그래서 지식인이 삶에 적응하지도 못하고 삶이 지식인에 적응하지도 못한다. 물론 어찌할 바를 모르는 것은 삶이 아니라 지식인이다. 삶이 지식인을 쫓아내지 않았음에도 불구하고 지식인은 항상 아웃사이더로 산다. 그는 이미 아웃사이더로 살기로 작정했다. 논리에 너무 집착하는 사람은 존재계에서 온 삶의 흐름에 동참할 수 없다. 삶은 논리 이상의 것이다. 삶은 패러독스요, 신비인 것이다.

거너웨이와 오케이지가 권총 결투를 하기로 했다.

뚱뚱한 거너웨이가 바짝 마른 상대를 보고 말했다.

"잠깐! 내가 당신보다 두 배는 크니까, 내가 당신보다 두 배 멀리 떨어져서 결투해야 하오."

논리적으로는 완벽해 보인다. 하지만 어떻게 서로 마주보고 한 사람이 다른 사람보다 두 배 멀리 떨어질 수 있는가?

결투 입회인이 거너웨이를 진정시켰다.

"진정하시오. 내가 공평한 결투가 되도록 하겠소."

그는 호주머니에서 분필을 꺼내어 거너웨이의 코트에 위에서 아래로 두 줄을 그었다. 두 줄의 너비는 오케이지의 몸집에 해당하는 것이었다.

입회인이 오케이지 쪽으로 돌아서서 말했다.

"자, 이제 대결을 시작하시오. 하지만 명심하시오. 두 줄 밖으로 나간 건 무효요.”

수리적으로 보나, 논리적으로 보나 완벽한 말이다! 하지만 삶은 그
렇게 수리적이지도 논리적이지도 않다. 진리가 그럼에도 사람들은
머리와 논리로 산다. 그렇게 논리로 살면서 자기가 삶을 아는 것처럼
착각한다. 그대가 머리로 하는 것은 모두 추론일 뿐이다. 그것은 결코
진리의 체험이 아니다. 논리를 토대로 한 추론일 뿐이다. 그대의 논리
는 그대가 지어낸 것이다.

코가 비뚤어지게 마신 쿠다히가 인도에 서서 ‘성 패트릭 데이’의
퍼레이드를 구경하고 있었다. 쿠다히는 피우고 있던 담배를 무심코
인도에 깔린 낡은 매트리스에 떨어뜨렸다.

때마침 머리가 희끗희끗한 여자 간호부대원들이 그의 앞으로 행진
하기 시작했다. 그와 동시에 불이 붙은 매트리스에서는 지독한 냄새
가 나기 시작했다.

그러자 쿠다히는 몇 번 코를 콩콩거리다가 곁에 있던 경찰에게 이
렇게 말했다.

“저 사람들 간호사들을 너무 빨리 행진시키네요.”

이렇게 지식인은 자기만의 추론으로 자기만의 결론에 도달한다.
지식은 무의식적인 현상이다. 그대는 거의 잠들어 있는 것처럼 살고
있다. 지성은 깨어나는 의식이다. 완전히 깨어나지 않으면 그대가 하

는 일은 빗나갈 수밖에 없다. 그럴 수밖에 없다. 깨어나지 않으면 무의식적인 결론에 도달하기 때문에 빗나갈 수밖에 없는 것이다

지성적으로 사는 데는 지식이 필요한 게 아니라 명상이 필요하다. 좀 더 깊은 침묵이 필요하다. 좀 더 깊은 무념이 필요하다. 생각을 덜어내고 가슴을 채워야 하는 것이다. 그대 주위를 감싸고 있는 마법을 각성해야 한다. 삶이라는 마법, 신이라는 마법, 푸른 나무와 빨간 꽃이라는 마법, 사람들의 눈 속에 있는 마법을 각성해야 한다. 마법은 도처에서 일어나고 있다! 모든 것이 기적이다. 그대는 자신의 머리 때문에 자신만의 세계에 갇혀 산다. 머리 때문에 무의식으로 도달한 결론에 집착하고 타인에게서 빌려온 지식에 매달린다.

지식과는 달리 지성은 창조적이다. 왜냐하면 지성은 작은 부분이나 머리로 나누지 않고 삶을 전체로 느끼기 때문이다. 지성은 그대의 전 존재 속에서 고동치고 있다. 그대의 세포 속에서, 뼈와 살 속에서 춤을 추고 있다. 그렇게 전체계와 하나 되어 춤을 추고 있다.

전체계와 하나 되어 고동치는 것, 이것이 창조이다. 이런 상태에서 일들은 자연스럽게 일어난다. 그대의 가슴은 기쁨의 노래를 부르고 그대의 손은 사물을 변형시킨다. 진흙에 손을 대면 연꽃으로 변한다. 연금술사가 되는 것이다. 이런 것은 모두 그대의 지성을 일깨울 때, 그대의 가슴을 일깨울 때 일어난다.

창조자에게는 믿음이 없다. 전혀 없다. 그에게는 자신의 체험만 있을 뿐이다. 체험은 항상 열려 있다. 이것이 체험의 아름다움이다. 그대가 이렇게 열려 있을 때라야 더 깊은 탐험이 가능해진다. 믿음은 항상 닫혀 있다. 믿음은 마침표이다. 삶에 종지부를 찍은 것이다. 체험의 세계에는 결코 끝이 있을 수 없다. 체험은 항상 미완성으로 존재한다. 그대가 계속 삶을 살고 있는데 어떻게 체험이 끝날 수 있겠는가? 체험이란 끊임없이 움직이는 것이요 변하는 것이요 자라는 것이다. 체험이란 기지의 세계에서 미지의 세계로 들어가는 것이요 미지의 세계에서 피안의 세계로 들어가는 것이다. 체험에는 끝이 있을 수 없다는 것, 이것이 체험의 아름다움이다. 이 점을 명심하라. 세상에서 가장 위대한 노래들은 모두 미완성의 노래들이다. 세상에서 가장 위대한 책들은 모두 미완성의 책들이다. 세상에서 가장 위대한 음악들은 모두 미완성의 음악들이다. 미완성이야말로 아름다움이다.

이런 선의 일화를 들었다.

어느 나라의 왕이 원예를 배우러 선사를 찾아갔다. 선사는 왕에게 3년 동안 원예를 가르쳤다. 왕에게는 아주 아름답고 커다란 정원이 있었다. 수많은 정원사들이 그 정원을 돌보고 있었다. 왕은 선사에게서 배운 것을 그대로 자신의 정원에서 실험했다. 3년이 지나고 왕의 정원이 완벽하게 준비되었다. 그래서 왕은 선사를 초청하여 자신의 완벽한 정원을 둘러보게 했다. 매우 엄격한 선사의 기질을 알고 있던 왕은 불안했다. '과연 스승이 나의 정원을 인정해 줄 것인가?' 이것은 일종의 시험이었다.

정원은 거의 완벽에 가깝게 아름다웠다. 모든 정원사들이 아주 세심한 데까지 정성을 다해 돌보았던 것이다. 그러나 선사는 처음부터 슬픈 얼굴을 하고 정원을 둘러보았다. 선사는 정원의 여기저기를 둘러보면서 점점 더 심각해졌다. 그래서 왕의 마음은 더욱더 불안해졌다. 왕은 선사가 그렇게 심각해하는 것을 본 적이 없었다. '선사는 왜 슬퍼 보일까? 뭐가 잘못된 것일까?'

선사는 연신 고개를 저으며 '이건 아니야'라고 말하는 것 같았다.

결국 왕이 선사에게 물었다.

"무슨 일입니까? 뭐가 잘못되었나요? 말씀해주십시오. 왜 고개를 가로젓습니까? 심각하고 슬퍼 보입니다. 뭐가 잘못됐습니까? 저는 뭐가 잘못되었는지 모르겠습니다. 저는 선사께서 말한 그대로 정원을 가꾸었습니다."

선사가 대답했다.

"이건 너무 완벽해서 죽어 있습니다. 더 이상 손볼 데가 없는 것은 죽은 것이나 매한가지입니다. 그래서 고개를 자꾸만 가로저은 것입니다. 정원이 진정으로 아름다우려면 미완성으로 남아 있어야 합니다. 낙엽들은 모두 어디로 갔습니까? 이 정원에는 단 하나의 낙엽도 보이지 않는군요."

왕은 정원에 낙엽 하나도 떨어져 있지 못하게 했다. 그래서 길 위에는 낙엽이 하나도 떨어져 있지 않았다. 심지어 나무 위에도 낙엽 하나 달려 있지 않았다. 낙엽으로 변해가는 잎들도 모두 떼어낸 것이다.

"낙엽은 모두 어디로 갔습니까?"

왕이 대답했다.

"정원사에게 모두 치우라고 했습니다. 낙엽은 하나도 남김없이 정리하라고 했습니다."

선사가 말했다.

"그래서 이 정원에서는 인공의 냄새가 납니다. 살아 있지 않아요. 신의 일은 결코 완성되는 법이 없습니다."

그리고 선사는 정원 밖으로 뛰어나갔다. 정원 밖에 낙엽이 수북하게 쌓여 있었다. 그는 낙엽을 한 광주리 퍼 와서 공중으로 흩뿌렸다. 그러자 바람이 낙엽들을 정원의 이곳저곳으로 흩뜨렸다. 길 위에도 낙엽이 떨어졌다.

선사가 기뻐하며 말했다.

"보시오. 얼마나 살아 있소!"

낙엽들이 바람에 흩날리며 아름다운 음악을 만들었다. 음악이 살아서 흩날렸다.

나는 이 이야기를 좋아한다.

선사는 이렇게 말했다.

"너무 완벽해서 죽어 있었습니다."

일전에 어떤 여자가 이곳을 찾아왔다. 그녀는 소설을 쓰고 있는데 소설을 어떻게 마무리해야 좋을지 모르겠다고 했다. 소설이 거의 끝나는 지점까지 써내려갔는데, 아직도 뭔가 남아 있다는, 뭔가가 더 계속될 것 같은 느낌이라는 것이다. 내가 그녀에게 말했다.

"거기서 끝을 내시오. 미완성인 채로 종결을 지으시오. 그러면 미완성의 신비감이 살아날 것이오. 주인공에게 아직 뭔가 할 일이 남았다고 생각되면 산야신Sannyasin, 세속적인 것을 버리고 수행의 세계에 입문한 출가자_역주이 되게 하시오. 그렇게 되면 소설은 거기서 멈출 수밖에 없을 것이오. 그러면 소설의 종결이 자연스러워질 뿐 아니라 종결 후에도 계속 성장할 것이오."

완전히 종결된 소설은 아름다운 소설이 될 수 없다. 무엇이든 완전히 종결되면 완전히 죽기 때문이다. 체험은 항상 열려 있는 것이다. 항상 미완성인 채로 열려 있는 것이다. 믿음은 항상 완결되어 있다. 그러므로 그대에게 가장 중요한 덕목은 체험을 향해 항상 열려 있는 자세이다.

인간의 마음이란 믿음의 집합에 불과하다. 이와 반면에 열려 있음은 마음 없음이다. 열려 있음은 마음을 한쪽에 제쳐두고 항상 새로운 눈으로 삶을 보는 것이다. 마음은 항상 오래된 눈으로 보라고 말한다. "이걸 통해 보라." 그렇게 보면 그대의 눈은 과거의 관념에 물든다. 그래서 대상을 있는 그대로 보지 못하고 자신의 관념을 대상에 투사한다. 그러면 진리는 스크린에 왜곡되어 나타난다. 그러므로 무심으로 보라. 슈냐타 Shunyata, 즉 공空 으로 보라. 대상을 무심으로 볼 때 그대의 지각은 밝아진다. 대상이 있는 그대로 보이기 때문이다. 진리가 있는 그대로 드러나기 때문이다. 오직 진리만이 그대를 자유롭게 한다. 다른 모든 것은 그대를 속박한다.

무심의 순간에는 진리가 밝은 빛처럼 그대를 파고든다. 이 빛, 이 진리를 더 많이 누리면 누릴수록 그대는 마음을 더 많이 놓을 수 있는 용기와 힘이 생긴다. 그렇게 하다 보면 어느 날 대상을 보고 있는데도 마음이 전혀 나타나지 않는 순간이 찾아온다. 그때 그대는 대상을 찾기 위해 보는 게 아니라 '있는 그대로' 보게 된다. 그대의 지켜봄은 순수한 것이 된다. 그 순간에 그대는 '아발로키타 Avalokita', 즉 순수한 눈으로 보는 사람이 된다. 우리가 말하는 관세음보살은 아발로키타에서 왔다. 아발로키타는 아무런 관념 없이, 있는 그대로 보는 사람을 말한다.

'창조'란 그림이나 시, 춤, 노래 등 특별한 창작활동만을 가리키지 않는다. 사실 창조는 특정 창작활동과는 아무런 관계가 없다. 어떠한 것도 창조적인 것이 될 수 있다. 활동에 창조성을 불러오는 것은 다름 아닌 그대 자신이다. 그러므로 활동 자체는 창조적이지도 비창조적이지도 않다. 그대는 비창조적으로 그림을 그릴 수도 있고 비창조적으로 노래를 부를 수도 있다. 반면에 창조적으로 청소를 할 수도 있을 뿐 아니라 창조적으로 요리를 할 수도 있다.

창조는 하나의 속성이다. 그대가 활동에 불어넣는 속성이다. 창조는 대상을 보는 자세요, 태도다. 그러므로 창조를 특정 행위로 제한하지 말라. 이 점을 꼭 명심하라. 창조를 하는 주체는 다름 아닌 바로 그대 자신이다. 그대가 창조적일 때 그대가 하는 모든 것은 창조가 된다. 평범하게 길을 걷는 것도 창조가 된다. 아무것도 하지 않고 고요히 앉아 있는 것도, 그런 무위도 창조가 된다. 아무것도 하지 않고 보리수 아래 앉아 있던 붓다는 더없이 위대한 창조자였다.

창조도 비창조도 다 그대가 하는 것임을 깨달으면 '왜 나는 비창조적일까'라는 문제는 사라진다. 모든 사람이 화가가 될 수는 없는 법이다. 그럴 필요도 전혀 없다. 모든 사람이 화가라면 세상은 그리 아름답지 못할 것이다. 살기 어려워질 것이다! 모든 사람이 무용가가 될

수는 없는 법이다. 그럴 필요가 없다. 그러나 모든 사람이 창조적일
수는 있다.

그대가 이익을 따지지 않고 기쁨과 사랑으로 하는 활동이 곧 창조
적인 활동이다. 그대가 성장할 수 있는 활동이 곧 영적인 활동이요 창
조적인 활동이며 신성한 활동이다.

그대가 창조적인 만큼 그대는 신성해진다. 세상 종교는 모두 '신이
창조주'라고 말한다. 신이 창조주인지 어쩐지는 모르겠으나 한 가지
확실한 점은 '그대는 창조적인 만큼 신성해진다.'는 사실이다. 그대
의 창조가 정점에 다다랐을 때, 그대의 삶 전체가 창조적일 때 그대는
신 안에서 살게 된다. 창조적인 사람들이 신에 가까운 것을 보면 신이
창조주임이 확실하다.

지금 그대가 하는 것을 사랑하라. 지금 그대가 하는 것을 명상적으
로 하라. 그것이 어떠한 것이 되었든! 그것이 무엇이냐는 중요하지
않다. 자신이 하는 일을 사랑과 명상으로 할 때 청소조차도 창조활동
이 될 수 있다. 그러므로 사랑으로 하라! 안에서 노래를 부르고 춤을
추면서 하라! 그렇게 사랑하는 마음으로 바닥을 청소하는 것은 보이
지 않는 그림을 그리는 것이다. 그렇게 순간을 기쁨으로 사는 것은 내
면이 성장하는 길이다. 하나하나의 창조활동은 그대를 변화된 사람
으로 만든다.

창조란 자신이 하는 모든 일을 사랑하는 것이다. 자신이 하는 것을
누리고 찬미하는 것이다. 그대가 바닥을 청소하는 것, 아무도 그대가

바닥청소 하는 걸 알지 못할 수 있다. 사실 아무도 그대의 바닥청소를 대단하게 여기지 않는다. 역사도 그대의 바닥청소에 아무런 관심을 보여주지 않는다. 신문 기사로 날 일도 아니다. 하지만 그런 것들은 모두 중요하지 않다. 그대가 그 일을 즐기고 있다면 그것이 본질적인 가치이다.

명성을 구하기 위해 창조를 한다면, 피카소와 같이 유명한 사람이 되기 위해 그림을 그리면 그대는 본질을 놓치고 만다. 명성을 구하는 그대는 전혀 창조적이지 않다. 차라리 야심적이고 정치적이다. 명성을 중요하게 생각해서는 안 된다. 그대가 명성을 얻어도 좋고 설사 얻지 못한다 해도 좋은 것이 되어야 한다. 중요하게 생각해야 할 것은 '자신이 하는 것을 누리고 있느냐 아니냐'이다. 사랑의 행위도 그렇다. 사랑의 행위도 얼마든지 창조적인 것이 될 수 있다. 그대의 터치가 사랑과 기쁨에서 나올 때 작은 터치도 위대한 것이 될 수 있는 것이다.

자신이 비창조적이라고 믿는 사람은 비창조적인 사람이 된다. 믿음은 가능성의 문을 열고 닫는 것이다. 그러므로 그대가 그릇된 믿음을 가지고 있으면 그 믿음은 가능성의 문을 닫는 역할을 한다. 자신을 비창조적이라고 믿으면 그대는 비창조적인 사람이 된다. 왜냐하면 그대의 그릇된 믿음은 모든 가능성의 문들을 닫아버리기 때문이다. 그대가 계속해서 '나는 비창조적인 사람이다'라고 생각하면 그대의 에너지는 창조 쪽으로 흐를 수 없는 것이다.

세상 사람들은 모두 이렇게 믿는 경향이 있다. '대단히 소수의 사람만이 창조적이다. 소수의 화가와 시인, 백만 명 중의 하나 있을까 말까 하는 소수의 사람만이 창조적이다.' 이것은 어리석은 생각이다! 사실은 모든 사람이 창조자로 태어난다. 지금 나가서 아이들을 보라. 아이들은 모두 창조적이다. 우리는 아이들의 창조성을 서서히 파괴한다. 서서히 아이들에게 그릇된 믿음을 강요한다. 서서히 그릇된 길로 인도한다. 그리하여 아이들을 경제적이고 정치적이고 야심적인 사람으로 변형시킨다.

야심이 생기면 창조는 사라진다. 야심적인 사람은 창조적일 수 없다. 야심이 가득한 사람은 창조를 위한 창조를 사랑하지 못하기 때문이다. 그는 그림을 그리면서 미래를 생각한다. '어떻게 하면 노벨상을 탈 수 있을까?' 야심적인 사람은 소설을 창작하면서도 미래를 생각한다. 그의 머릿속은 항상 '미래에' 존재한다. 그러나 진정으로 창조적인 사람은 항상 '현재에' 존재한다.

우리는 자신의 내면에 있는 창조성을 파괴한다. 창조력을 지니지 않고 태어나는 사람은 없다. 모두가 창조할 수 있는 힘을 가지고 태어나는 것이다. 그런데 우리는 사람들이 지니고 있는 창조력의 99퍼센트를 파괴한다. 이 책임을 사회에 모두 떠넘긴다고 될 일이 아니다. 그대는 자신의 삶을 스스로 책임져야 한다. 나쁜 조건화Conditioning, 사회와 그 전통이 그들의 유지·발전을 위해 사회 구성원에게 심어준 제도와 정신, 교육, 도덕 및 행동양식의 틀_역주를 버려야 한다. 그대가 어린 시절에 자기최면을 걸듯 자신에게 행한 자기 암시를 버려야 한다. 그 모두를 버려야 한다. 모든 조건화들을 비워내라! 그러면 홀연히 자신의 창조적인 모습을 발견할 것이다.

존재와 창조는 동의어이다. 그러므로 참으로 존재하는 사람은 비창조적일 수 없다. 하지만 그런 불가능하고도 추한 일이 일어난다. 왜냐하면 그대의 모든 창조성이 차단되고 막히고 파괴되었기 때문이다. 그대의 창조에너지가 사회가 요구하는 활동에 소진되었기 때문이다.

우리는 모두 삶을 경제 지향적인 시각으로 본다. 하지만 돈이라는 것은 가장 비창조적인 것이다. 우리는 모두 권력을 지향한다. 하지만 권력이라는 것은 파괴적인 것이다. 돈을 지향하는 사람은 파괴적일 수밖에 없다. 돈이라는 것은 교묘한 착취와 강탈에서 오는 것이기 때문이다. 그대가 버는 많은 돈은 사실 알고 보면 다른 사람에게 가야 할 것이 그대에게 오는 것이다. 권력이란 무엇인가? 그대가 지향하는 권력이란 알고 보면 그대가 다른 많은 사람을 무력하게 만드는 것이다. 다른 많은 사람들을 파괴하는 것이다. 그렇게 해야만 그대는 권력을 손아귀에 쥘 수 있는 것이다.

이들은 모두 파괴적인 행위들이다. 이 점을 명심하라. 창조적인 행위는 세상을 아름답게 만든다. 세상을 풍요롭게 만든다. 창조적인 행위는 결코 세상으로부터 뭔가를 강탈하지 않는다. 창조적인 사람은 세상 속으로 들어가 세상의 아름다움을 향상시킨다. 노래의 아름다움을, 그림의 아름다움을 퍼뜨린다. 그는 세상이 더 아름답게 춤추고 노래 부르고 사랑하고 명상하도록 만든다. 그는 전보다 더 아름다워 진 세상을 남기고 세상을 떠난다. 누가 그를 알 수도 있고 알지 못할 수도 있다. 그것은 중요하지 않다. 여하튼 그는 본질적으로 가치 있는 삶을 살기 때문에 보다 나은 세상을 남긴다. 더없이 풍요로운 세상을 남긴다.

돈과 권력, 명예 등은 비창조적이다. 비창조적일 뿐 아니라 파괴적 이다. 그러므로 돈과 권력과 명예를 조심하라! 그렇게 하면 그대는 보 다 쉽게 창조적인 사람이 될 수 있다. 그대가 창조적인 사람이 되면 돈 과 권력과 명예를 얻을 수 있다는 말이 아니다. 아니다, 나는 그런 장밋 빛 꿈을 약속하지 않는다. 그대가 창조적으로 살면 문제가 생길 수도 있다. 가난한 삶을 살아야 할 수도 있다. 하지만 나는 그대의 내면이 더 없이 풍요로워질 것임을 약속할 수 있다. 그대의 내면이 더없이 충만 하고 기쁨과 찬미로 넘쳐흐를 것임을 약속할 수 있다. 그대에게 점점 더 많은 축복이 내려올 것이다. 그대의 삶은 지복의 삶이 될 것이다.

그대는 사회적으로 유명하지 않을 수도 있고 돈이 없을 수도 있고 출세하지 못할 수도 있다. 하지만 세상적인 성공이란 곧 내면적인 실 패를 의미한다. 그대가 자신의 참 자아를 잃어버렸다면 온 세상을 다 가졌다 해도 그게 무슨 소용이 있겠는가? 진정으로 창조적인 사람은 세상을 소유하는 게 아니라 자신의 존재를 소유한다. 자신의 참 주인 이 된다.

그래서 인도에서는 구도자를 '스와미Swami'라고 부른다. 스와미는 주인을 뜻한다. 우리가 대단하다고 여기는 황제는 결국에 가면 거지였음이 드러난다. 돈과 권력과 명예를 좇는 사람은 거지일 수밖에 없다. 왜냐하면 그는 끊임없이 구걸하기 때문이다. 그에게는 사람들에게 줄 수 있는 것이 없다.

주는 자가 돼라! 그대가 가지고 있는 것을 나누라! 거기에는 크고 작음이 없다. 이 점을 명심하라. 그대가 가슴 깊이 웃는다면, 상대의 손을 잡으면서 환하게 미소 짓는다면 그것도 하나의 창조 행위가 될 수 있다. 더없이 훌륭한 창조 행위가 될 수 있다. 상대를 가슴 깊이 껴안는다면 그것 역시 창조 행위가 될 수 있다. 사람들을 사랑의 눈으로 보라. 그대는 상대를 사랑의 눈으로 봄으로써 상대를 변화시킬 수도 있다.

창조하라! 자신이 하고 있는 일에 대해 신경 쓸 필요 없다. 우리는 누구나 여러 일들을 해야 한다. 그러나 일을 하되, 창조적으로, 헌신적으로 하라. 그렇게 하면 그대가 하는 일은 예배가 된다. 그대가 하는 일은 기도가 된다. 그대가 하는 일은 모두 신의 제단에 바치는 봉헌이 된다.

그대가 창조적이지 못하다는 믿음은 모두 버려라. 나는 그대의 믿음이 어떻게 태어났는지 안다. 그대는 학교에서 우등생이 아니었을 수도 있다. 반에서 일등을 하지 못했을 수도 있다. 자신의 그림이 좋은 평가를 받지 못했을 수도 있다. 악기 연습을 하는데 이웃이 경찰에

신고를 했을 수도 있다. 이런 것들 때문에 그대는 자신이 창조적이지 못하다는 믿음을 갖게 되었을 것이다.

어쩌면 그대가 타인을 모방만 했기 때문일 수도 있다. 사람들은 자신이 어떤 창조적 능력을 가지고 태어났는지 잘 모른다. 그래서 되지도 않는 시를 계속해서 쓴다. 그대는 먼저 자신에게 어떤 창조적 능력이 있는지를 살펴야 한다. 모든 사람이 모든 것을 잘할 수는 없는 법이다! 그러므로 그대는 자신의 능력을 살펴서 자신의 길을 선택해야 한다. 자신이 가야 할 길을 찾는다는 것은 그리 쉽지만은 않다. 자신의 삶이 어떤 운명을 가지고 태어났는지 잘 보이지 않기 때문이다. 삶은 그렇다! 그러므로 자신의 길을 찾아야한다. 그렇게 찾는 가운데 그대는 지혜롭고 성숙해질 것이다.

우리가 태어날 때 '너는 이런 이런 삶을 살 것이다'라는 천궁도天弓圖를 가지고 태어난다면 우리의 삶은 기계적인 것이 될 것이다. 하지만 우리의 삶은 그렇게 단순하지 않다. 인간은 결코 예언할 수 있는 대상이 아니다. 인간은 항상 열려 있는 존재이다. 수많은 가능성으로 열려 있는 존재이다. 한 발자국 한 발자국마다 많은 문들이 열려 있다. 많은 길들이 열려 있다. 그러므로 그대는 매 순간 느끼고 선택을 해야 한다. 자신의 삶을 진정으로 사랑한다면 그대는 자신의 길을 발견할 수 있다.

그대가 자신의 삶을 사랑하지 않고 다른 것에 관심을 둔다면 그것은 문제다. 돈을 사랑하면서 창조적인 사람이 되고 싶어 하면 그대는 결코 창조적인 사람이 될 수 없다. 돈에 대한 욕망이 그대의 창조성을 파괴할 것이다. 그대가 명성을 원한다면 창조 따위는 잊어버려라. 명성을 얻는 것은 그대가 파괴적인 사람이 되어야만 가능하기 때문이다. 히틀러와 같은 사람이 될 때 혹은 포드와 같은 사람이 될 때 명성을 얻는 게 쉬워진다. 그대가 경쟁할 때, 그것도 폭력적으로 경쟁할 때 명성을 얻는 게 쉬워진다. 그대가 사람들을 죽이고 파괴할 때 명성을 얻는 게 쉬워진다.

인간의 역사는 전부 살인의 역사이다. 그대가 살인자가 되면 명성을 얻는 건 아주 쉬워진다. 그대는 수상이 될 수도 있고 대통령이 될 수도 있다. 하지만 이 모두는 가면일 뿐이다. 그런 가면 뒤에 폭력적인, 참혹하게 폭력적인 사람들이 숨어 있다. 겉으로는 미소를 지으면서 말이다. 그런 미소는 간교한 술책이다. 가면만 벗겨내면 거기에서 칭기즈칸과 티무르(Timur, 1336~1405), 중앙아시아 티무르 제국의 건설자(재위 1369-1405)_역주, 나디르샤(Nadirshah, 1689~1747), 이란 아프샤르 왕조의 창시자_역주, 나폴레옹, 알렉산더, 히틀러 등이 나타난다.

그대가 명성을 원한다면 창조에 대해서 얘기하지 말라. 물론 창조적인 사람이 명성을 얻지 말라는 법은 없다. 하지만 실제에 있어서 창조적인 사람이 명성을 얻는 경우는 대단히 드물다. 설사 명성을 얻는다 해도 우발적으로 얻을 뿐이다. 시간도 많이 걸린다. 설사 창조적인 사람에게 명성이 찾아온다 해도, 그가 죽고 나서야 오는 경우가 대부분이다.

예수는 살아 있을 때 유명하지 않았다. 만약 성경이 없었더라면 그는 역사 속으로 영원히 사라졌을 것이다. 성경의 기록이라고 해보았자, 네 명의 제자만이 예수의 행적을 기록했을 뿐이다. 다른 어떤 사람도 예수에 대해 관심을 두지 않았다. 그렇게 예수는 유명하지 않았다. 성공하지도 않았다. 그대는 예수보다 더한 실패자를 본 적이 있는가? 그러나 시간이 흐르자 서서히 그에 대한 관심이 일기 시작했다. 그를 알아보기 시작했다. 예수를 인정하는 데까지는 그렇게 많은 세월이 필요했다.

위대한 사람일수록 대중이 이해하는 데 많은 시간이 필요하다. 왜냐하면 하나의 위대한 사람이 태어나면 그 당시에는 그를 파악하고 판단할 수 있는 기준이나 잣대가 전무하기 때문이다. 그는 자신의 가치를 스스로 창조해야 한다. 자신의 가치를 창조해냈을 무렵에 그는 세상을 뜬다. 창조적인 사람이 인정을 받기까지는 수백 년이 걸릴 수도 있다. 하지만 수백 년이 지난다고 해서 모든 창조적인 사람이 인정을 받는 것도 아니다. 창조적인 사람들 중에는 인정을 받지 못하고 역사 속에 묻힌 사람이 수없이 많다. 창조적인 사람이 세상에서 성공을 거두는 것은 거의 우발적이다. 이에 반해 파괴적인 사람이 성공을 거둘 수 있는 확률은 대단히 높다.

그대가 창조의 이름으로 다른 것을 구한다면 창조적인 사람이 되려는 생각을 버리는 게 낫다. 다만 드러내놓고 자신이 하고 싶은 일을 해라. 가면 뒤에 숨지 말라! 그대가 진정으로 창조적인 사람이 되고 싶다면 돈이나 성공, 명예, 존경 따위는 문제가 될 수 없다. 진정으로 창조적인 사람이 되고 싶은 사람은 자신의 행위를 즐긴다. 그리고 자신이 하는 행위 하나하나 속에서 본질적인 가치를 발견한다. 그는 춤추고 싶기 때문에 춤을 춘다. 춤이 기쁘기 때문에 춤을 춘다. 누가 그의 춤을 인정하면 그는 감사해한다. 아무도 알아주지 않아도 아무런 문제가 되지 않는다. 그는 다만 춤을 추고 다만 기뻐한다. 이미 그의 내면은 충족되어 있는 것이다.

'나는 비창조적이다'라는 믿음은 위험하다. 그런 믿음은 버려라! 비창조적인 사람은 없다. 심지어 나무도 바위도 비창조적이지 않다. 나무를 사랑하고 나무를 아는 사람이라면 나무가 자신만의 공간을 창조한다는 것을 안다. 바위도 자신만의 공간을 창조한다. 그 공간은 어느 누구도 침범할 수 없는 영역이다. 그대의 감성이 깨어나 다른 생물과 대화를 나눌 수 있으면 그대는 엄청나게 축복받은 사람이 될 것이다. 그러면 모든 나무들이 자신만의 방식으로 창조하고 있음을 볼 수 있다. 개개의 나무가 그 창조 방식이 다르다. 개개의 나무가 독특한 개성을 지니고 있다. 개개의 바위 역시 개성을 지니고 있다. 나무는 있는 그대로의 나무가 아니다. 나무도 개체적 존재인 것이다. 바위도 있는 그대로의 바위가 아니다. 바위 역시 개체적 존재인 것이다. 바위 옆에 앉아 있어 보라. 사랑스럽게 바위를 지켜보고 어루만지고 느껴보라.

커다란 바위를 끌기도 하고 다른 쪽으로 옮기기도 할 수 있었던 선사가 있었다. 그의 몸은 사실 연약했다. 그의 체구를 보면 커다란 바위를 끈다는 것은 불가능해 보였다. 그보다 훨씬 힘이 센 장정들도 바위를 끌지 못했으나 그는 아주 쉽게 바위를 끌곤 했다.

사람들이 그에게 비결을 물었다.

선사는 이렇게 대답했다.

"사실 비결은 없소이다. 나는 바위를 사랑하오. 그러니 바위가 나를 따라오는 것이오. 바위를 끌기 전에 먼저 이렇게 말하지요. '많은 사람들이 구경하러 왔으니, 나의 체면은 너의 손에 달려 있다. 바위야, 나를 도와다오. 내 말을 들어다오.' 그리고는 사랑스럽게 바위를 잡지요. 그리고는 바위의 암시를 기다립니다. 바위는 온몸을 진동함으로써 암시를 보냅니다. 그렇게 준비되었다는 암시를 보내면 끌기 시작하지요. 사람들은 바위의 의지와는 상관없이 자신의 힘으로 밀어붙입니다. 하지만 굉장한 힘을 쓴다 해도 바위는 꿈쩍도 하지 않습니다. 나는 바위가 되어 바위를 끕니다. 사실 바위를 옮기는 것은 내가 아니고 바위 자신입니다. 나는 다만 거기 있을 따름입니다."

목수 일을 하던 선사가 있었다. 그가 만든 책상이나 의자에서는 형용할 수 없는 기품이 배어나왔다.

그가 이런 질문을 받았다.

"만드는 방법 좀 알려주세요."

선사가 대답했다.

"내가 만드는 게 아닙니다. 난 다만 숲에 가서 어떤 나무가 의자가 될 준비가 되었는지 숲에게 물어봅니다."

아마 말도 안 되는 소리처럼 들릴지 모르겠다. 어떻게 숲과 대화를 한단 말인가! 하여튼 선사는 적당한 나무를 찾기 위해 사흘 동안 숲에서 지냈다. 그는 이 나무 밑에도 앉아 보고 저 나무 밑에도 앉아 보았다. 그는 미친 사람이었다! 보통 우리는 열매로 나무의 질을 평가한다. 그처럼 우리는 선사의 창작품으로 선사를 평가해야 마땅할 것이다. 그가 만든 의자 몇 개가 아직도 중국에 남아 있다. 아직도 그 의자에서는 보이지 않는 기품이 우러나온다. 보는 사람을 즉시 빨아들이는 흡인력이 있는 것이다. 하지만 의자의 무엇이 사람들을 끌어당기는지 아무도 알지 못한다. 천 년이 지난 뒤에도 형용할 수 없는 아름다움이 있다.

선사는 이렇게 말하곤 했다.

"숲 속으로 가서 의자가 되고 싶어 하는 나무를 찾습니다. 각 나무에게 의자가 될 의향이 있는지, 나와 함께 갈 준비가 되어 있는지, 나에게 몸을 맡길 준비가 되어 있는지를 묻습니다. 어떤 때는 의자가 되고 싶어 하는 나무가 없으면 빈손으로 돌아오기도 합니다."

한번은 중국의 황제가 그에게 책장을 부탁했다. 부탁을 받은 선사는 사흘 후에 돌아와서 황제에게 말했다.

"기다리십시오. 아직 황궁에 올 준비가 되어 있는 나무가 없습니다."

석 달이 지나 황제가 다시 책장을 묻자 선사는 이렇게 대답했다.

"매일같이 숲으로 가서 나무들에게 물어보고 있습니다. 설득하고 있지요. 한 나무가 약간의 관심을 보여주고 있습니다. 그러니 좀 더 기다려야겠습니다."

그리고 선사는 그 나무를 설득하는 데 성공했다.

선사는 이렇게 말했다고 한다.

"책장은 이미 나무 안에 있습니다. 오히려 나무가 스스로 원해서 목수에게 부탁하는 것입니다."

사랑의 가슴이 있는 사람은 만물에 개성이 있음을 본다. 대상을 밀고 당기지 말라. 지켜보면서 대화하라. 대상에 도움을 요청하라. 그러면 많은 에너지를 낭비하지 않아도 될 것이다.

심지어 나무들도 창조적이며 바위들도 창조적이다. 그대는 진화의 정점에 서 있는 인간이지 않은가! 그대는 존재계의 정상에 서 있는 의식의 존재가 아닌가! 그러므로 그릇된 믿음을 맹신하지 말라. 결코 '나는 비창조적이다.'는 틀린 믿음에 집착하지 말라. 주위 사람들이 그대에게 "너는 비창조적이다."라고 말했을지 모르겠다. 어쩌면 자신의 창조력을 발휘할 수 있는 자신의 길을 찾지 못했을 수도 있다. 그러나 그대가 창조력을 발산할 수 있는 길은 틀림없이 존재한다. 마음의 문을 열고 가서 찾아보라. 끊임없이 찾아보라. 그러면 어느 날 반드시 찾을 것이다.

　모든 사람은 자신만의 운명을 지니고 세상에 나온다. 이 생애에 실현해야 할 일, 전달해야 될 메시지, 완수해야 될 임무를 지니고 세상에 나오는 것이다. 그대는 결코 우발적인 존재가 아니다. 그대는 자신만의 목적을 지니고 태어난 것이다. 전체계가 그대를 통해 실현하고자 하는 목적 말이다.

명성 게임

우리는 '인정받지 못하면 낙오자가 된다.'는 말을 들으며 자란다. 우리네 삶의 구조는 그런 식으로 틀 지워진다. 무슨 일을 하느냐는 중요하지 않다. 인정을 받느냐 받지 못하느냐가 중요할 따름이다. 이것은 주객이 완전히 전도된 것이다. 우리는 일을 중요하게 생각해야 한다. 일 속에서 누리는 기쁨을 중요하게 생각해야 한다. 일 자체에서 오는 기쁨을 위해 일을 해야지 인정을 받기 위해 일을 해서는 안 되는 것이다. 그대는 일 자체를 사랑할 수 있어야 한다.

그대가 사랑할 수 있는 일을 할 수 있어야 한다. 항상 삶을 사랑으로 대하라. 남들로부터 인정을 구하지 말라. 일을 하다가 인정을 받는다 해도 우쭐해하지 말며 인정을 받지 못한다 해도 실망하지 말라. 우리는 일 자체에서 만족을 구할 수 있어야 한다. 모두가 인정을 구하지 않고 자신에게 주어진 일을 사랑하며 기뻐할 수 있는 법을 배운다면 우리는 보다 아름답고 풍요로운 세상을 만들 수 있다.

세상은 그대에게 불행의 올가미를 씌운다. 십중팔구, 지금 그대가 하는 일은 그대에게 좋지 않은 일일 것이다. 그대는 그 일을 사랑하기 때문에, 더없이 잘하기 때문에 하는 게 아니라 세상이 인정해주기 때문에, 세상이 훈장을 수여하고 노벨상을 주기 때문에 그대의 일을 한다. 세상은 사람들로부터 창조라는 본질적인 가치를 빼앗았다. 그리고 사람들의 존재를 파괴했다. 어떻게 세상이 무수한 사람들에게 노벨상을 다 수여할 수 있단 말인가? 세상은 모든 사람들의 마음에 인정받고 싶은 욕망을 심는다. 그래서 어느 누구도 평온하게, 편하게 일을 하지 못한다. 자신이 하는 일들을 즐기지 못한다. 작은 것들이 모여 우리의 삶을 이룬다. 이런 작은 일을 한다고 해서 누구도 우리에게 훈장이나 상장, 학위 따위를 주지 않는다.

20세기를 빛낸 위대한 시인이었던 라빈드라나드 타고르는 인도의 벵골 지방에서 살았다. 그는 자신의 시집이나 소설 등을 벵골어로 출판했다. 그래서 어떤 인정도 받을 수가 없었다. 후에 그는 작은 시집인 『기탄잘리Gitanjali』-'노래의 헌장'-를 영어로 번역했다. 벵골어와 영어의 구조와 표현방식은 서로 다르기 때문에 번역이 원작의 아름다움을 담아내지 못함을 타고르는 잘 알고 있었다.

벵골어는 아주 아름다운 언어이다. 벵골어를 듣고 있노라면 싸울 때조차도 서로 친밀한 이야기를 하는 것처럼 들린다. 벵골어는 음악과 같다. 모든 단어가 음악이다. 영어에는 그런 음악도, 아름다움도 없다. 그래서 벵골어로 쓴 『기탄잘리』의 아름다움을 영어로는 담아낼 수 없었다. 하지만 타고르는 최선을 다해 영어로 번역을 해냈다. 영어로 번역된 『기탄잘리』가 원작에 비해 많이 떨어진 것이었음에도 불구하고 타고르는 노벨상을 받았다. 타고르가 노벨상을 수상하자 많은 인도인들이 타고르의 존재를 비로소 알았다. 하지만 이미 『기탄잘리』는 수년 전에 벵골어를 비롯한 여러 인도어로 출간되었지만 전혀 주목받지 못했다.

노벨문학상 소식이 전해지자 모든 대학들이 타고르에게 문학박사 학위를 주려고 했다. 당시 타고르가 살던 콜카타의 한 대학이 맨 먼저 명예학위를 수여하려고 했다. 하지만 타고르는 이렇게 거절했다.

"저의 책은 오래 전에 나왔지만 아무도 저에게 학위를 주겠다고 하지 않았습니다. 심지어 저의 책을 알아주지도 않았습니다. 이제 와서 학위를 주겠다는 것은 저에게 주는 게 아니라 노벨상에게 주겠다는 것입니다. 벵골어 원작이 훨씬 더 아름다움에도 불구하고 아무도 평가해주지 않았습니다."

타고르는 다른 대학들의 학위 제의도 모두 거절했다.

"이건 저를 모욕하는 일입니다."

인간의 심리를 꿰뚫어본 위대한 소설가였던 사르트르(Sartre Jean-Paul, 1905~1980), 프랑스 작가이자 실존주의 철학가. 주요 작품으로는 『구토(1938)』,

『존재와 무시(1943)』 등이 있음_ 역주는 노벨상 자체를 거부했다. 그는 이렇게 지적했다.

"나는 작품 활동을 하면서 상도 받고 돈도 벌었다. 노벨상은 나의 작품성을 끌어올려 주지 못한다. 끌어올려 주기는커녕 끌어내릴 뿐이다. 평가를 받고 싶어 하는 초심자에게나 주는 게 나을 것이다. 나는 나이도 먹었고 활동을 할 만큼 했다. 내가 하는 것은 무엇이나 열정과 사랑으로 했다. 내게는 그 자체가 즐거웠다. 나는 다른 걸 바라지 않는다. 나는 이미 더없이 아름다운 것을 받았으니 말이다." 옳은 말이다. 하지만 사르트르처럼 바른 사람은 흔하지 않다. 서상은 거짓의 함정에 걸려 그릇된 삶을 사는 사람들로 넘쳐난다.

왜 사람들은 그토록 인정을 갈망하는가? 인정은 자신의 일을 사랑하지 않는 사람에게만 의미를 갖는다. 그대는 자신의 일을 싫어한다. 그러면서도 그 일을 계속한다. 그대는 인정을 받고자 하는 마음에서, 평가를 받고자 하는 마음에서, 대접을 받고자 하는 마음에서 싫은 일을 계속한다. 인정받길 원하기보다는 자신의 일을 다시 생각해보라. 그대는 자신이 하는 일을 사랑하는가? 그렇다면 좋은 일이다. 만약 그렇지 않다면 일을 바꿔라!

부모와 선생은 '남들에게 인정을 받아야 하고 유명해져야 한다.'고 아이들에게 최면을 건다. 이것은 사람들을 지배하는 대단히 간교한 전략이다. 그대가 원하는 것을 하라. 그대가 사랑하는 것을 하라. 인정을 구하지는 말라. 이를 잘 이해하라. 남들로부터 인정을 구하는 것은 사실 구걸을 하는 것이다. 무엇을 위해 인정을 구하는가? 무엇을 위해 명성을 구하는가?

자신의 내면을 깊이 들여다보라. 아마 그대는 자신이 하고 있는 일을 좋아하지 않을지도 모른다. 잘못될 길로 들어섰다고 생각할지도 모른다. 하지만 그대는 명성을 얻으면 옳은 길을 가고 있다고 생각한다. 인정을 받으면 바른 목표를 향해 가고 있다고 생각한다.

중요한 것은 내면의 느낌이지 외면의 세상이 아니다. 왜 타인에게 의존을 하는가? 사람들은 모든 걸 타인에게 의존한다. 그대도 타인에게 의존한다. 그리고 시간이 흐를수록 의존은 점점 심화되어 간다.

나는 노벨상 따위에 관심이 없다. 내게는 모든 나라와 종교들이 내게 쏟아 붓는 비난이 노벨상보다 귀하다. 노벨상을 받는 것은 내가 의존적인 사람이라는 걸 보여 주는 것이다. 노벨상을 받은 사람들을 보라. 그들은 자기 자신을 자랑스러워하기보다는 노벨상을 더 자랑스러워한다. 나는 다른 어떤 것도 자랑스러워하지 않는다. 나는 나 자신을 자랑스러워할 뿐이다.

자신을 자랑스러워할 때 그대는 참다운 개인이 된다. 완전한 자유 속에서 사는 개인이 될 때, 스스로 두 발을 딛고 당당히 설 때, 존재의 근원을 마시며 살 때 그대는 존재의 중심에 뿌리를 내린다. 이런 식으로 그대는 궁극적으로 꽃피어난다.

인정받고 명예를 얻었다고 하는 사람들을 보라. 그들의 내면은 쓰레기로 가득 차 있다. 사회가 원하는 쓰레기로 가득 차 있다. 사회는 먼저 그들에게 쓰레기를 채운 다음, 상장으로 보상을 하는 것이다.

자신의 개인성을 찾은 사람은 타인의 눈을 신경 쓰지 않고 자신의 일을 사랑하며 살아간다. 그대의 일이 소중하면 소중할수록 그대가 존경을 받을 수 있는 가능성은 줄어든다. 만약 그대의 일이 천재적인 일이라면 그대가 이 생애에 존경받을 수 있는 가능성은 거의 제로에 가깝다. 존경을 받기는커녕 오히려 비난받을 것이다. 그리고 한 200~300년이 지난 다음에야 그대의 동상이 세워지고 그더의 책들이 팔릴 것이다. 대중이 천재의 일을 이해하는 데는 족히 200~300년은 걸린다. 대중과 천재의 지성은 그만큼 차이가 있다.

바보들에게 존경을 받으려면 바보들의 기대와 양식에 따라 살아야만 한다. 병든 자들에게 존경을 받으려면 그대는 그들보다 더 병들어야만 한다. 그래야 병든 자들은 그대를 존경할 것이다. 바보와 병든 자들이 그대를 존경하면 그대는 무엇을 얻는가? 그대는 자신의 영혼을 잃을 뿐, 아무것도 얻지 못한다.

네
가
지
열
쇠

그대가 아무것도 모를 때 찾고 살펴보고 탐구하려는 열망이 솟아오른다. 배움을 시작하면 곧바로 자신이 배운 것들을 놓아야 한다. 그렇지 않으면 배운 것들은 지식으로 전락해 버리며 지식은 이후의 배움을 방해한다. 그렇게 모름의 상태에 있을 때 그대는 아무런 장벽 없이, 마음 문을 열어 놓고 삶을 탐험한다.

그대는 창조할 때마다 생명의 진수를 맛볼 수 있다. 얼마나 진하게 맛볼 것인가는 그대의 치열함, 그대의 몰입에 달려 있다. 삶은 철학적인 문제가 아니라 종교적인 신비이다. 그러므로 모든 것은 신비로 통하는 문이 될 수 있다. 바닥을 청소하는 것마저도 신비로 통하는 문이 될 수 있다. 창조적으로, 전체적으로, 사랑으로 청소할 때 그대는 삶의 진수를 맛볼 수 있다.

어린아이가 돼라

어린아이가 돼라. 그러면 창조적인 사람이 될 수 있다. 모든 어린아이는 창조적이다. 창조를 위해서는 자유가 필요하다. 마음으로부터의 자유, 지식으로부터의 자유, 편견으로부터의 자유가 필요하다. 창조적인 사람은 새로운 것을 시도할 줄 아는 사람이다. 창조적인 사람은 로봇이 아니다. 로봇 같은 사람은 결코 창조할 수 없다. 로봇 같은 사람은 같은 일을 반복할 뿐이다. 그러므로 다시 어린아이가 돼라.

어린아이는 모두 창조적이다. 어디에서 태어나든 하나같이 창조적이다. 그러나 우리는 아이가 자신의 창조성을 표현하는 것을 허용하지 않는다. 아이가 창조성을 표현하려고 하면 그것을 눌러 버린다. 그리고 '바른 길'이라는 것을 아이에게 강요한다.

창조적인 사람은 그릇된 길을 계속해서 시도한다. 이 점을 명심하라. 항상 바른 길을 따라가면 그대는 결코 창조적인 사람이 될 수 없다. 바른 길이란 이미 다른 사람이 발견한 길이기 때문이다. 물론 바른 길을 따라가면 유능한 사람이 될 수 있다. 효율적인 생산자가 되고 기술자가 될 수 있다. 하지만 창조자는 될 수 없다.

생산자와 창조자는 어떻게 다른가? 생산자는 가장 바른 길, 가장 효율적인 길을 안다. 가장 적은 노력으로 가장 많은 효과를 낼 수 있는 길을 안다. 생산자는 이렇다. 이에 반해 창조자는 이것을 해보고 저것을 해본다. 그는 효율적인 바른 길을 모른다. 그래서 다양한 방향으로 길을 찾아 떠난다. 물론 잘못된 방향으로 가기 때문에 자주 길을 잃는다. 하지만 어디로 가나 그는 끊임없이 배운다. 그래서 점점 풍요로워진다. 그는 항상 아무도 해보지 않은 것을 시도한다. 만약 바른 길을 따랐다면 그는 결코 새로운 것을 창조하지 못했을 것이다.

여기 짧은 이야기를 들어보라.

어느 주일학교 선생님이 아이들에게 성型 가족아기 예수와 마리아, 요셉의 가족_역주의 그림을 그리라고 했다. 그래서 아이들은 그림을 그려 선생님에게 제출했다. 선생님이 그림들을 보니 대부분 우리가 아는 ‘성 가족과 구유’, ‘노새를 탄 성 가족’ 등등이었다.

그러다가 선생님은 이상한 그림을 발견했다. 그림 속에는 비행기 창문 밖으로 고개를 내민 네 명의 얼굴이 있었다. 그래서 선생님은 그림을 그린 학생을 불렀다.

"세 명은 요셉과 마리아, 그리고 아기 예수이지. 그런데 나머지 한 사람은 누구니?"

학생이 대답했다.

"아, 그 사람이요. 그 사람은 본디오 빌라도예요!"

재치 발랄한 이야기이다. 이런 것이 바로 창조이다. 이 아이는 새로운 눈으로 새로운 것을 발견한다. 아이들만이 이런 것을 할 수 있다. 하지만 그대는 두려워한다. 사람들이 멍청하다고 손가락질할까 봐 두려운 것이다.

창조자는 어리석어 보이는 것을 두려워하지 말아야 한다. 창조자는 언제든 자존심을 버릴 수 있어야 한다. 그렇기 때문에 세상의 많은 시인과 화가, 무용가, 음악가들이 존경받지 못하고 산다. 그들이 마침내 존경받을 때, 노벨상을 받을 때 그들의 창조성은 사라지고 만다.

왜 그런가? 노벨상 수상 이후에도 걸작을 저술한 작가를 보았는가? 존경받는 사람들 중에 창조적인 사람을 본 적이 있는가? 노벨상을 타거나 존경받는 사람은 주위의 시선을 두려워한다. 잘못하면 어쩌나? 잘못되면 나의 명예는 어쩌나? 존경받는 사람은 그런 추락을 감당할 수 없다. 그래서 예술가가 존경받는 사람이 되면 그의 창조성은 죽고 마는 것이다.

언제든 자신의 명예와 체면과 이름을 버릴 수 있는 사람만이, 아무도 인정해주지 않는 길을 가는 사람만이 창조자인 것이다. 창조자는 언제나 미친 사람 취급을 받는다. 세상은 아주 오랜 세월이 지나서야 창조자를 인정한다. 창조자가 활동할 당시에 세상은 그를 이상한 사람이라고 생각한다. 그렇다, 창조자는 이상한 사람이다.

모든 아이는 창조적 능력을 가지고 태어난다. 이 점을 잘 기억하라. 단 하나의 예외도 없이 모든 아이는 창조를 하려고 한다. 하지만 우리는 아이의 창조를 허용하지 않는다. 아이가 창조를 하려는 찰나, 우리는 세상일을 바르게 하는 법을 가르친다. 하지만 아이는 바른 법을 배우면 로봇이 되고 만다. 그러면 이제 아이는 매일같이 바른 일을 반복한다. 그리고 유능한 사람이 되고 존경받는 사람이 된다.

아이들에게는 일곱 살에서 열네 살 사이에 커다란 변화가 일어난다. 심리학자들은 이 변화를 주목했다. '어떤 일이 왜 일어나는가?' 인간의 뇌는 좌뇌와 우뇌, 이렇게 두 개의 반구로 되어 있다. 좌뇌는 비창조적이다. 좌뇌는 기술적인 면이 발달되어 있으나 창조적인 면은 발달되어 있지 않다. 그래서 외부로부터 습득한 일을 반복하는 데 뛰어나다. 기계적인 일들을 효율적으로 완벽하게 해낸다. 이 좌뇌는 논리와 이성, 수학을 담당한다. 계산과 수련, 질서를 담당한다.

이에 반해 우뇌는 좌뇌의 반대 일을 한다. 우뇌는 질서를 담당하는 게 아니라 혼돈을 담당한다. 우뇌에서는 산문이 나오는 게 아니라 시가 나온다. 논리가 나오는 게 아니라 사랑이 나온다. 그래서 우뇌는 미적인 감각이 발달되어 있고 독창적인 직감이 발달되어 있다. 그러나 일을 효율적으로 하는 능력은 없다. 창조자에게는 그런 능력이 없다. 그는 항상 새로운 것을 실험한다.

창조자는 어디에도 안주하지 않는다. 창조자는 방랑자이다. 그는 텐트를 가지고 다닌다. 물론 어느 지역에서 하룻밤을 묵겠지만 다음 날이면 또다시 길을 떠난다. 그래서 나는 창조자를 방랑자라고 부른다. 그는 결코 한 집안의 가장이 될 수 없다. 그에게 정착이란 죽음을 의미한다. 그는 언제든 모험 속으로 뛰어들 준비가 되어 있다. 그는 모험을 사랑하는 것이다.

이러한 것들은 우뇌가 하는 일들이다. 아이가 태어나면 우뇌가 기능을 시작한다. 좌뇌는 기능을 하지 않는 것이다. 아이가 어느 정도 자라면 우리는 아이에게 좌뇌의 기능을 가르치기 시작한다. 인간은 에너지를 우뇌에서 좌뇌로 이동시키는 법을 개발했다. 우뇌의 기능을 정지시키고 좌뇌의 기능을 활성화하는 법을 개발했다. 이것이 바로 인간의 교육이라는 것이다. 유치원에서 대학교까지 하는 교육은 바로 우뇌를 정지시키고 좌뇌를 활성화시키는 것이다. 우리는 일곱 살에서 열네 살 사이 아이들의 우뇌를 정지시키고 좌뇌를 활성화하는 데 성공한다. 그렇게 아이들을 파괴한다.

이렇게 되면 아이는 자연 그대로의 본성을 상실하고 바른 시민이 되어간다. 학교에서 아이는 교양과 언어, 논리, 산문 등을 배운다. 전쟁과도 같은 경쟁을 시작하고 에고이스트가 되고 사회에 만연한 온갖 정신병들을 받아들인다. 돈과 권력에 눈을 뜨기 시작하고 어떻게 하면 유능한 사람이 될 수 있을까 고민한다. 어떻게 하면 돈을 잘 벌수 있을까, 어떻게 하면 좋은 집을 살 수 있을까, 이런 식으로 아이는 우뇌에서 좌뇌로 이동한다. 그리하여 우뇌의 기능은 점차 사라져간다. 그러면 아이의 우뇌는 꿈을 꿀 때나 작용한다. 혹은 어쩌다 마약을 할 때나.

서양 사람들은 의무교육으로 인해 우뇌가 완전히 파괴되었다. 그래서 많은 사람들이 마약을 한다. 서양은 교육에 중독되어 있다. 이것은 너무 한쪽으로 치우친 것이다. 한쪽의 극단으로 가버린 것이다. 현재 다른 가능성은 없어 보인다. 학교에서 우뇌를 재생시킬 수 있는 방법들을 도입하지 않으면 서양에서 마약은 사라지지 않을 것이다. 법으로만 마약을 근절시킬 수는 없는 노릇이다. 내면의 균형이 바로잡히지 않는 한, 법으로만 마약을 금지시킬 수 없는 것이다.

왜 마약이 서양 사람들에게 어필 하는가? 그건 마약이 즉각적으로 에너지를 좌뇌에서 우뇌로 이동시켜 주기 때문이다. 마약이 하는 일은 그것뿐이다. 과거에는 술이 그런 일을 했지만 지금은 훨씬 더 강력한 마약 LSD, 마리화나, 실로시빈Psilocybin, 멕시코산 버섯에서 얻어지는 LSD 비슷한 환각제_역주이 그런 일을 한다. 아마 미래에는 이들보다 훨씬 더 강력한 마약이 나올지도 모를 일이다.

사실 마약을 하는 사람이 죄인이 아니라 정치인과 교육자들이 죄인이다. 정치인과 교육자들은 인간의 마음을 극단으로 몰고 갔다. 때문에 이제는 반란이 필요하다. 정말로 절실히 필요하다! 우리의 삶

속에서 시가 사라졌고, 아름다움이 사라졌으며, 사랑 또한 사라졌다. 이제 돈과 권력과 힘이 우리가 받드는 신이 되었다.

사랑 없이, 시 없이, 기쁨 없이 어떻게 산단 말인가? 그렇게는 오래 살 수 없다. 세계적으로 신세대들은 마약을 함으로써 교육의 어리석음을 보여주었다. 마약을 하는 학생들이 학교를 중도에 포기하는 것은 우연의 일치가 아니다. 마약을 하는 학생들 대부분이 학교를 떠난다. 이것은 우연의 일치가 아니다. 이것은 일종의 반란이다.

마약이 주는 기쁨을 안 사람이 마약을 끊는 것은 대단히 어렵다. 마약보다 나은 방법, 시를 표현할 수 있는 방법을 찾아야 마약을 버릴 수 있다. 명상이 보다 나은 방법이다. 명상은 어떠한 화학약품보다 덜 파괴적이고 덜 해롭기 때문이다. 사실 명상은 전혀 해롭지 않다. 해를 준다기보다는 축복을 준다. 명상도 마약과 같은 일을 한다. 인간의 마음을 좌뇌에서 우뇌로 이동시켜주는 것이다. 마음이 좌뇌에서 우뇌로 이동할 때 비로소 창조력이 나온다.

마약이 가져올 거대한 재난을 피할 수 있는 방법은 한 가지뿐인데, 그것이 바로 명상이다. 다른 길은 없다. 명상이 널리 퍼져서 사람들의 삶 속에 자리 잡으면 마약은 사라질 것이다.

교육은 절대로 우뇌와 그 기능을 파괴하는 쪽으로 나아가서는 안 된다. 아이들은 좌뇌와 우뇌의 존재를 알고 양쪽을 모두 활용할 수 있는 방법을 배우고, 어느 쪽을 언제 이용해야 되는지를 배워야 한다. 사업을 하거나 돈 계산을 할 때처럼 좌뇌를 사용해야 할 때가 얼마든지 있다. 또한 우뇌를 사용해야 할 때도 많이 있다.

어디까지나 우뇌가 목적이요 좌뇌는 수단임을 잊지 말라. 우뇌가 주인이다. 따라서 좌뇌는 우뇌를 따라야 한다. 왜 돈을 버는가? 우리는 어디까지나 삶을 즐기고 생명을 찬미하기 위해서 돈을 번다. 그대는 사랑을 하기 위해 저축을 한다. 놀기 위해 일을 한다. 삶의 유희가 목적이다. 그대는 휴식을 취하기 위해 일을 한다. 휴식이 목적이지 일이 목적이 아닌 것이다.

'노동이 최고'라는 생각은 과거의 유물이다. 버려야 할 유물이다. 교육 분야는 참다운 혁명이 필요하다. 어떤 사람, 어떤 아이에게도 같은 일의 반복을 강요해서는 안 된다. 우리가 말하는 교육이란 무엇인가? 그대는 진정으로 우리의 교육이 무엇인지를 들여다보았는가? 생각해보았는가? 우리의 교육이라는 것은 그저 단순한 기억훈련에 지나지 않은 것이다. 기억훈련으로는 누구도 지혜로운 사람이 될 수 없다. 지혜로워지기는커녕 오히려 점점 더 어리석어진다. 그대는 교육을 통해 어리석은 사람이 되어버렸다! 아이들이 처음 학교에 들어갈 때는 모두 지혜롭다. 하지만 대학교육까지 받고 나서도 지혜로움을 간직한 아이들은 거의 찾아볼 수 없다. 대학은 한 치의 오차도 없이 모든 학생을 어리석은 자들로 만들어버린다. 번쩍이는 학위를 가지고 대학 문을 나올지 모르지만 그대는 학위를 위해 과도한 대가를 지불했다. 자신의 지성을 상실하고 기쁨을 상실하고 삶을 상실한 것, 이 것이 그대가 학위를 위해 치른 희생이다. 우뇌의 기능을 마비시킨 것,

이것이 학위를 위해 지불한 대가이다.

그렇게 해서 무엇을 배웠는가? 지식이다. 그대는 머리에 수많은 지식들을 밀어 넣었다. 그대는 그런 지식을 되풀이할 수도 있고 재생할 수도 있다. 그대는 시험에서 지식을 재생한다. 우리는 자신에게 쑤셔 넣은 것을 잘 토해내는 사람을 머리가 좋은 사람이라고 생각한다. 그대는 수많은 정보들을 끊임없이 집어삼킨다. 그리고 시험지에 토해낸다. 사회에서는 시험지에 잘 토해낸 사람이 머리 좋은 사람이 된다. 집어삼킨 것을 모두 토해내면 머리가 대단히 뛰어난 사람이 된다.

그대가 계속 토해내는 것은 무엇인가? 그것은 그대가 소화하지 못한 것이다. 이 점을 잘 이해하라. 만약 그대가 소화를 했다면 똑같은 것을 자꾸만 토해낼 수 없다. 그대가 소화한 것은 피가 되고 살이 될 뿐이지, 다시 나올 수는 없는 법이다. 그대가 먹은 것은 몸속으로 사라진다. 그래서 다시는 나오지 않는다. 하지만 사회에서는 자신이 먹은 것을 소화하지 않은 채로 위 속에 간직했다가 언제든 토해내는 사람을 머리 좋은 사람이라고 한다. 사회에서는 가장 어리석은 자를 가장 지혜로운 자라고 생각하는 것이다. 참으로 안타까운 일이 아닐 수 없다.

참으로 지혜로운 사람은 사회가 요구하는 것에 부응하지 못한다. 아인슈타인이 수학 시험을 잘 보았으리라 생각하는가? 아인슈타인처럼 창조적이고 지성적인 사람은 사회가 요구하는 것에 부응하지 못한다.

중학교와 고등학교, 대학교의 우등생들을 보라. 그들은 모두 어디로 갔는가? 그들은 사회에 나와서 아무런 능력도 보여주지 못한다. 그들의 영광은 우등상장과 더불어 끝나는 것이다. 그리고는 과거 속으로 사라진다. 그들은 세상에 아무런 기여도 하지 못한다. 왜 이런 일이 벌어지는가? 사회와 교육이 그들을 파괴했기 때문이다. 그들은 학위를 받은 대가로 삶의 모든 것을 잃는다. 그리고는 학위를 평생 걸고 다닌다.

우리는 이와 같은 교육제도를 완전히 바꿔야 한다. 학교 교실을 기쁨으로 넘쳐흐르게 하라. 대학교 강의실을 생명으로 꿈틀거리게 하라. 춤과 노래, 시, 창작, 그리고 지성이 넘쳐흐르게 하라. 지식에 대한 의존성에서 벗어나게 하라.

우리는 학생들을 좀 더 세밀히 관찰해서, 지성을 개발할 수 있도록 도와주어야 한다. 창의적으로 대답하는 학생들을 더 격려해주어야 한다. 바른 대답이란 있을 수 없다. 그런 건 없다! 있다면, 어리석은 대답과 지혜로운 대답이 있을 뿐이다. 옳고 그름의 평가는 그 자체가 틀린 것이다! 맞는 대답도 없고 틀린 대답도 없다. 학생의 대답은 어리석고 기계적이거나, 아니면 창의적이고 지혜로울 뿐이다. 대답에는 옳고 그름이 있을 수 없는 것이다. 기계적인 대답은 일견 맞는 듯 보이지만 실은 높게 평가할 수 없는 것이다. 그런 대답은 암기한 것을 반복하는 것에 지나지 않기 때문이다. 지혜로운 대답은 일견 완벽해 보이지 않을 수도 있고 기존관념과 일치하지 않을 수도 있으나 높게

평가해주어야 한다. 왜냐하면 그런 대답에서 새로운 창조가 나오기 때문이다.

창조적인 사람이 되기 위해서는 무엇을 해야 하는가? 창조적인 사람이 되려면 사회가 그대에게 가르친 모든 것을 내려놓아야 한다. 부모와 선생이 그대에게 가르친 모든 것을 내려놓아야 한다. 정치가와 성직자가 가르친 모든 것을 내려놓아야 한다. 그렇게 할 때 그대는 다시 창조적인 사람이 될 수 있다. 어린 시절의 떨림을 다시 느낄 수 있다. 그런 창조와 떨림이 억압된 채, 그대 안에서 기다리고 있다. 감긴 것을 다시 풀어내면 된다. 창조 에너지가 다시 풀려 나올 때 그대는 참 종교인이 된다. 나에게 있어서는 창조적인 사람이야말로 참으로 종교적인 사람이다. 모두가 창조적인 사람으로 태어나지만 창조적인 사람으로 성장하는 사람은 참으로 드물다.

사회가 파놓은 함정에서 빠져나올 수 있는 이것은 다름 아닌 그대 자신이다. 그대는 할 수 있다. 물론 그대에게는 대단한 용기가 요구된다. 왜냐하면 사회가 가르친 것을 버리기 시작하면 명예를 잃기 때문이다. 사람들은 그대를 존경할 만한 사람이라고 생각하지 않을 것이다. 그대는 사람들의 눈에 이상하고 기이한 사람으로 비쳐진다. 괴짜로 보인다. 사람들은 '이 불쌍한 친구, 정신이 나갔군.' 하고 생각할 것이다. 사람들이 이상한 눈초리로 쳐다보아도 자신의 숲 속으로 뛰어드는 것, 이것이야말로 더없이 큰 용기이다.

창조적인 사람이 되고 싶다면 그대는 명성과 명예를 잃을 각오를 해야 한다. 모든 것을 걸어야 한다. 이것은 그럴 만한 가치가 있다. 작은 창조마저도 이 세상 무엇보다 귀하기 때문이다.

배우는 자세로 임하라

‘수행’이라는 말은 대단히 아름다운 말이다. 하지만 과거에 많은 아름다운 말들이 잘못 사용된 것처럼 수행이라는 말도 잘못 사용되었다. ‘수행Discipline’이라는 말은 ‘제자Disciple’라는 말에서 왔다. 그러므로 수행이라는 말은 배움의 과정을 뜻한다. 배울 준비가 되어 있는 사람을 우리는 제자라 한다. 배우는 과정을 우리는 수행이라 한다.

지식인은 배울 준비가 되어 있지 않다. 그는 이미 모든 걸 안다고 생각하기 때문이다. 그의 존재는 지식에 뿌리를 내리고 있다. 지식은 그의 에고를 살찌우는 영양분이다. 그는 결코 제자가 될 수 없다. 따라서 그는 결코 참된 수행을 할 수도 없다.

소크라테스는 이렇게 말한다.

"나는 '내가 아무것도 모른다.'는 사실만을 알 뿐이다."

이런 자세가 수행의 시작이다. 그대가 아무것도 모를 때 찾고 살펴보고 탐구하려는 열망이 솟아오른다. 배움을 시작하면 곧바로 자신이 배운 것들을 놓아야 한다. 그렇지 않으면 배운 것들은 지식으로 전락해버리며 지식은 이후의 배움을 방해한다.

참된 수행자는 아무것도 쌓지 않는다. 매 순간 자신이 알게 된 것을 죽이고 다시 모르는 사람이 된다. 이 모름은 세상을 밝히는 광명이다. 디오니소스Dionysios는 이런 모름을 밝게 빛나는 광명이라 했다. 나는 그의 말에 동의한다. 모름의 광명 속에 있는 것, 이것은 더없이 아름다운 체험이다. 그렇게 모름의 상태에 있을 때 그대는 아무런 장벽 없이, 마음의 문을 열어 놓고 삶을 탐험한다.

여태껏 사람들은 수행이라는 말을 잘못 해석했다. 사람들은 "이것을 수행하고 저것을 수행하라. 이것을 하지 말고 저것을 하라."는 말을 듣고 살았다. 무수히 많은 의무와 금기사항을 강요받았다. 그렇게 강요받고 사는 사람은 창조적인 사람이 될 수 없다. 그는 사방의 벽이 옥죄는 감옥에 갇힌 처지가 된다.

창조적인 사람은 모든 의무와 금기 사항들을 버린다. 그에게는 자유와 공간이 필요하다. 광대한 공간이 필요하다. 그에게는 드넓은 하늘과 별들이 필요하다. 그렇게 금기를 버리고 자유를 획득할 때라야 내면에서 자발성이 자라기 시작한다.

내가 말하는 수행은 기독교의 십계와 같은 것이 아니다. 이 점을 명심하라. 나는 어떠한 계율도 주지 않는다. 나는 배움을 계속하면서도 지식에 빠지지 않는 길을 보여 줄 뿐이다. 그대의 수행은 가슴에서 나와야 한다. 그래서 그대 자신의 수행이 되어야 한다. 다른 사람의 수행법은 그대의 것이 될 수 없다. 다른 사람의 수행을 따라서 하는 것은 다른 사람의 옷을 입고 다니는 것과 같다. 그런 옷은 너무 헐렁하거나 너무 끼일 것이다. 그런 옷을 입고 다니면 항상 모자라는 사람처럼 보일 것이다.

마호매트는 이슬람교인들에게 수행의 계율을 가르쳤다. 그 계율은 자신에게는 좋았을지 모르지만 타인에게는 좋지 않은 것일 수 있다. 붓다는 수많은 불교도들에게 수행의 계율을 가르쳤다. 그것은 붓다 자신에게는 좋았을지 모르지만 다른 사람에게는 좋지 않을 수도 있다. 수행이란 개인의 일이다. 수행의 계율을 다른 사람에게서 빌려오면 그대는 정해진 계율에 따라 살아야 한다. 삶은 생명이다. 결코 죽은 게 아니란 말이다. 삶은 매 순간 끊임없이 변화한다. 삶이란 흘러가는 강물이다.

"흐르는 물에는 두 번 손을 담글 수 없다."는 헤라클레이토스(Heracleitos, BC.540~480), 그리스 철학자. 불이 만물의 일차적 원소이며 변화가 존재의 본질이라 보았음_역주의 말은 옳다. 하지만 나는 이렇게 말하고 싶다. "흐르는 물에는 한 번마저도 손을 담글 수 없다. 강물이 너무나 빠르게 흐르기 때문이다!" 그대는 매 순간 깨어서 지켜보아야 한다. 타인이 준 수행의 계율이 아니라 가슴에서 나오는 느낌에 따라 순간

순간 반응해야 한다.

그대는 인간의 어리석음을 본 적이 있는가? 5000년 전에 인도의 마누Manu, 인도 신화에 나오는 인류의 시조이며 마누 법전의 창시자로 알려져 있음_역주는 힌두교인들에게 수행의 계율을 가르쳤다. 힌두교인들은 아직도 이 계율을 따르고 있다. 3000년 전에는 유대의 모세가 유대교인들에게 계율을 가르쳤다. 유대교인들은 아직도 이 계율을 따르고 있다. 온 세상이 계율 천지가 되었다. 하지만 그런 계율은 모두 낡은 것들이다. 아주 오래 전에 땅 속에 묻었어야 하는 것들이다. 그대는 아직도 송장들을 짊어지고 다닌다. 송장들에서 지독한 냄새가 나는데도 말이다. 그대는 송장들에 둘러싸여 대체 어떤 삶을 살겠다는 것인가?

나는 그대에게 순간, 순간의 자유, 순간의 책임을 가르친다. 어떤 것이 이 순간에는 옳지만 다음 순간에는 틀릴 수 있다. 그러므로 무리하게 일관성을 유지하려고 하지 말라. 무리하게 일관성을 유지하려고 하면 그대는 죽은 사람이 된다. 죽은 사람만이 언제나 일관성을 유지한다. 설사 모순이 있다 해도 생생히 살아 있는 삶을 살라. 과거에 집착하지 말고 미래에 집착하지도 말며 지금 이 순간을 살라. 순간순간 깨어서 살라. 전체적으로 반응하라. 이런 전체성이 아름다움이요 창조성이다. 그렇게 할 때 그대가 하는 모든 것에서 아름다움이 배어나올 것이다.

일상에서 열반을 찾으라

정원을 아름답고 풍요롭게 가꾸는 정원사가 노벨상을 받았다는 말을 들어본 적이 있는가? 논밭을 경작하여 사람들을 먹여 살리는 농부가 적절한 대접을 받았다는 말을 들어본 적이 있는가? 아니다. 그들은 애초에 없었던 사람들처럼 이 땅을 살다가 간다.

이것은 추한 차별이다. 모든 영혼은, 어떤 것을 창조하든, 마땅한 대접을 받고 존경을 받아야 한다. 우리는 창조 자체를 소중히 여길 수 있어야 한다. 그럼에도 불구하고 정치가들조차 노벨상을 받는다. 사실은 영리한 범죄자인데도 말이다. 세상에 일어난 잔학한 학살을 보라. 누구 때문에 일어났는가? 모두 정치가들 때문에 일어났다. 지금도 정치가들은 지구의 멸망을 불러올 수 있는 핵무기를 양산하고 있다.

이 사회가 진정으로 아름답고 진실한 사회라면 모든 창조 행위를 귀하게 생각하고 그 가치를 인정하며 존경할 수 있어야 한다. 창조적 인 영혼은 신의 일을 하는 사람이기 때문이다. 지금까지 미학에 대한 인간의 감각은 보잘것없는 것이었다.

에이브러햄 링컨이 생각난다.

링컨은 신발 수선공의 아들로 태어나 미국의 대통령이 되었다. 그 래서 귀족들은 이 사실을 진심으로 받아들이지 못했다. 링컨이 암살 당한 것은 결코 우연이 아니었다. 귀족들은 신발 수선공의 아들이 나 라의 대통령이 된 사실을 받아들일 수 없었던 것이다.

링컨이 상원에서 첫 연설을 하는 날이었다. 링컨이 연설을 하기 위 해 막 일어서려고 하는데 어느 귀족이 일어나 이렇게 말했다.

"어찌어찌 하다가 우리나라의 대통령이 되었지만 그렇다고 해서 당신이 당신 아버지와 함께 구두를 수선하기 위해 우리 집에 왔던 사 실을 잊지 마시오. 당신 아버지는 여기 많은 상원의원들의 구두를 만 든 사람이었음을 잊지 말란 말이오. 자신의 출신을 잊지 마시오."

이 귀족은 링컨을 모욕하고 있다고 생각했다. 하지만 에이브러햄 링컨과 같은 사람을 누가 모욕할 수 있단 말인가? 오직 왜소한 사람 만을, 열등감으로 시달리는 사람만을 모욕할 수 있을 뿐이다. 위인들 은 모욕을 초월한 사람들이다.

귀족의 모욕적인 말에 링컨이 대답했다. 이 링컨의 말은 우리 모두가 가슴 깊이 새겨야 할 말이다.

링컨이 이렇게 대답했다.

"감사합니다. 상원에서 첫 연설을 시작하기 전에 저의 아버지를 상기시켜주셔서 정말로 감사합니다. 제 아버지는 참으로 훌륭한 분이셨습니다. 창의력이 풍부한 장인이셨습니다. 저는 그렇게 훌륭한 구두를 만드는 사람을 본 적이 없습니다. 저는 잘 압니다. 저는 아버지의 장인정신을 뛰어넘을 수 있을 만큼 대단한 대통령이 될 수 없음을요. 저의 아버지가 만든 여러분의 구두에 이상이 있다면 제게 말씀해주십시오. 아버지만큼 뛰어나지는 않지만 저도 웬만큼은 합니다. 말씀만 해주십시오. 그러면 제가 여러분의 집으로 달려가겠습니다."

침묵이 흘렀다. 상원들은 링컨을 모욕할 수 없음을 깨달았다. 링컨은 모욕을 당하기는커녕 창조성에 대한 크나큰 존경심을 보여주었다.

그대가 무엇을 하느냐는 중요하지 않다. 그대는 그림을 그릴 수도 있고 조각을 할 수도 있고 구두를 만들 수도 있다. 또는 정원 일을 할 수도 있고 농사일을 할 수도 있고 목수 일을 할 수도 있다. 그대가 무슨 일을 하느냐는 중요하지 않다. 중요한 것은 자신이 하는 일에 창조적인 영혼을 쏟아 붓는 것이다. 그렇게 할 때 그대가 창조한 것에서는 신성이 배어나올 것이다.

창조는 일의 종류와는 아무런 관계가 없다. 창조는 의식의 질을 높이는 작업이다. 그대가 하는 일은 무엇이나 창조적인 일이 될 수 있다. 창조의 의미를 깨닫기만 한다면 그대가 하는 일은 무엇이나 창조적인 일이 될 수 있는 것이다.

창조란 자신이 하는 일을 명상으로 즐기는 것을 말한다. 그것이 무슨 일이든 깊은 사랑으로 하는 것을 말한다. 깊은 사랑으로 한다면 이곳 오디토리움을 청소하는 일도 창조적인 일이 될 수 있다. 하지만 사랑으로 하지 않으면 이곳을 청소하는 일은 허드렛일이 되고 의무가 되고 마침내 짐이 될 것이다. 이곳 청소가 짐이 될 때 그대는 창조적인 일은 다른 시간에 하는 것이라고 생각한다. 다른 시간에 무엇을 하겠다는 말인가? 자신의 창의력을 표현할 수 있는, 더 좋은 일이 있을 것이라고 생각하는가? 그림을 그리면 더 창조적일 수 있다고 생각하는가?

하지만 그림 그리는 행위는 바닥을 청소하는 행위처럼 일상적인 일일 뿐이다. 그림은 캔버스에 물감을 묻히는 행위요 바닥 청소는 바닥을 문지르는 행위이다. 여기에 어떤 차이가 있다고 생각하는가? 친구와 한담을 나누는 것은 시간을 낭비하는 것이요 대단한 책을 저술하는 것은 창조적인 일이라고 생각하는가? 친구하고 한담을 나누는 것도 얼마든지 훌륭한 창조적 행위가 될 수 있다.

위대하다고 하는 세상의 경전들은 모두 창조적인 사람들이 풀어낸 한담에 다름 아니다. 내가 지금 뭘 하고 있다고 생각하는가? 한담을 나누는 것이다. 나의 말들이 어느 날 소중한 복음이 될지 어떨지 모르겠으나, 지금 이 순간 내가 그대들과 한담을 나누고 있는 것은 엄연한 사실이다. 나는 한담을 즐긴다. 나는 언제까지고 한담을 계속할 수 있다. 듣는 그대는 어느 날 지칠지 모르겠으나 나는 지치지 않을 것이다. 내게 그것은 순수 기쁨이다. 그대는 어느 날 지치고 지쳐서 이 자리를 떠날 것이다. 하지만 나는 계속해서 한담을 할 것이다. 이렇게 그대가 뭔가를 진정으로 사랑한다면 그것은 창조적인 일이 된다.

많은 사람들이 나를 찾아온다. 처음 온 사람들은 이렇게 투탁한다.

"오쇼, 어떤 일이라도 좋습니다! 청소도 좋습니다!"

각기 다른 사람들이지만 한결같이 이렇게 말한다.

"청소라도 좋습니다. 당신의 일이라면 기쁜 마음으로 하겠습니다."

그리고는 며칠도 안 되어 이렇게 말한다.

"청소하는 일은 좀 그렇습니다. 뭔가 창조적인 일을 하고 싶습니다."

재미있는 일화 하나를 이야기해주겠다.

맥이 빠진 성생활을 염려하던 젊은 아내가 최면요법이라도 받아보자고 남편을 졸랐다. 그래서 몇 번의 최면요법 치료를 받고나자 밤일에 대한 남편의 열정이 다시 살아났다. 그런데 이상하게도 남편이 행위를 하다가 종종 욕실로 달려갔다가는 다시 돌아오곤 하는 것이었다.

호기심을 참지 못한 아내가 어느 날은 남편의 뒤를 따라가 보았다. 남편이 욕실로 들어가자 아내는 발돋움을 하고 욕실 안을 들여다보았다. 남편은 거울 앞에 서서 거울 속에 비친 자신의 모습을 똑바로 쳐다보면서 이렇게 중얼거리고 있었다.

"그녀는 나의 아내가 아니다. 그녀는 나의 아내가 아니다······."

어쩌면 성생활에 지친 남편이 밤일을 계속하기 위해서는 상대가 자신의 아내가 아니라고 믿는 게 나을지도 모른다. 남편들은 그렇게 믿고 밤일을 하고 즐기고 다시 남편으로 돌아온다. 또다시 일상으로 돌아온다. 남편은 아내의 몸 구석구석에 대해 낱낱이 알고 있다. 그 래서 권태 속으로 빠져든다. 위 일화에 등장하는 최면 요법사는 치료를 잘한 것 같다. 그는 남편에게 밤일을 할 때는 꼭 '이 사람은 아내가 아니다. 이 사람은 아내가 아니다.'라고 자기암시를 하라고 일러준 것이다.

사정이 그렇다면 그대가 청소할 때는 그림을 그리고 있다고 생각하라. '이것은 청소가 아니다. 이것은 위대한 창조 행위이다.' 하지만 이것은 그대의 마음을 달래는 방책일 뿐이다. 그대가 진정으로 깨우치면 모든 일을 창조적으로 할 수 있게 된다.

이해의 사람은 계속적으로 창조한다. 그가 창조를 하려고 노력한다는 말이 아니다. 그에게는 앉는 것도 창조적인 행위가 된다. 그가 앉는 것을 잘 지켜보라. 그의 움직임 속에서 춤이 보이고 기품이 보인다. 일전에 우리는 한없는 기품으로 구덩이 속에서 서서 죽은 선사 이야기를 읽었다. 그는 죽는 것마저도 창조적으로 했다. 그야말로 완벽하게 했다. 더 이상 고칠 데가 없게 했다. 그는 죽을 때마저도 서서 아름답게 죽은 것이다.

그가 깨우칠 때, 청소를 하던 요리를 하던 그 무엇을 하던, 작은 일들이 모여서 우리의 삶이 된다. 사실 에고의 눈에만 이 일들이 작게 보일 뿐이다. 그대는 항상 위대한 것을 하고 싶어 한다. 위대한 시를 쓰고 싶어 한다. 그대는 셰익스피어나 칼리다스, 밀턴이 되고 싶어 한다. 문제를 만드는 것은 그대의 에고이다. 그러므로 에고를 놓으라. 그러면 모든 일이 창조적인 일들이 될 것이다.

이런 얘기를 들었다.

채소가게 소년의 신속한 배달에 감동을 받은 한 주부가 소년에게 이름을 물었다.

그러자 소년은 "셰익스피어."라고 대답했다.

"하지만 그건 유명한 사람의 이름이잖니."

"그렇지요, 유명한 사람의 이름이지요. 전 이 동네에서 무려 3년 동안이나 배달을 하고 있거든요."

맞는 말이다! 누가 셰익스피어에 신경 쓴단 말인가? 같은 동네에서 3년 동안이나 배달을 하고 있는데. 채소배달도 책이나 소설이나 시집을 쓰는 것만큼이나 아름다운 일이다.

우리의 삶은 작은 일들로 되어 있다. 그대가 사랑으로 할 때 작은 일은 위대한 일이 된다. 모든 것들이 더없이 위대한 일들이 된다. 사랑으로 하지 않으면 에고는 계속해서 이렇게 떠들 것이다.

"이건 하찮은 일이다. 청소라고? 이건 너에게 어울리는 일이 아니다. 뭔가 위대한 일을 하라. 잔 다르크가 돼라!"

이것은 말도 안 되는 것이다. 모든 사람이 잔 다르크가 되는 것은 말도 안 되는 것이다.

청소도 위대하다. 에고의 함정에 걸려들지 말라. 에고가 찾아와서 뭔가 위대한 일을 하라고 꼬드기면 즉시 이를 깨닫고 에고를 내려놓으라. 그렇게 하면 사소한 일들이 점점 신성한 일들로 변화될 것이다. 그 어느 것도 모든 것이 세속적이지 않다. 모든 것이 신성하고 거룩하다.

모든 것이 신성해 보이지 않는다면 그대의 삶은 아직 종교적인 삶이 아니다. 흔히 사회에서 말하는 성인은 진정으로 성스러운 사람이 아니다. 그는 에고의 함정에 빠진 사람이다. 그가 대단한 일들을 했다고 사람들이 생각하기 때문에 성스러워 보일 뿐이다.

진짜 성스러운 사람은 평범한 일상을 사랑하는 평범한 사람이다. 나무를 베고, 물을 긷고, 요리를 하고……. 그가 손을 대는 것은 무엇이나 성스러운 것으로 변한다. 그가 위대한 일을 한다는 말이 아니다. 그는 무슨 일을 하나 위대하게 한다는 말이다. 위대함은 하는 일에 있지 않다. 위대함은 그대의 의식에 있다.

이렇게 해보라. 크나큰 사랑으로 조약돌을 만져보라. 그러면 그 조약돌은 거대한 금강석이 될 것이다. 웃어보라. 그러면 그대는 왕이 된다. 기쁨으로 웃어보라. 삶의 매 순간을 명상적인 사랑으로 변형시켜라.

창조적인 사람이 돼라는 말은 그대들 모두가 위대한 화가나 시인이 되어야 한다는 말이 아니다. 나의 말은 그대의 삶이 그림이 되고 시가 되게 하라는 말이다.

이를 항상 기억하라. 그렇지 않으면 에고는 그대에게 수많은 문제를 안겨줄 것이다. 범죄자에게 가서 왜 범죄를 저질렀는지 물어보라. 그들은 위대한 일을 할 게 없어서 그럴 수밖에 없었노라고 항변할 것이다. 그들은 국가의 대통령이 될 수 없었다. 물론 모두가 대통령이 될 수는 없는 노릇이다. 그래서 그들은 대통령을 암살하는 일을 택한다. 그 일이 훨씬 쉽기 때문이다. 대통령을 암살한 사람은 대통령만큼이나 유명해진다. 그의 사진이 중앙 일간지의 일 면 톱을 장식한다.

몇 달 전에 어떤 남자가 일곱 명의 무고한 시민을 죽였다. 죽은 일곱 명은 그와 아무런 관계가 없는 사람들이었다. 사람들이 왜 무고한 사람들을 죽였는지 물었다. 그는 대단한 사람이 되고 싶었다고 말했다. 어떤 신문도 그의 시나 글을 실어주지 않았다. 아무런 일도 벌어지지 않은 채, 그의 삶은 지나가고 있었다. 그래서 무고한 사람들을 죽였다고 했다. 죽은 사람들은 그 남자와 아무런 관계도 없던 사람들이었다. 남자는 단지 유명해지고 싶은 욕구 때문에 살인을 저지른 것이었다.

정치가나 범죄자나 별로 다르지 않다. 모든 범죄자들은 비인간적인 술수를 부리며 모든 정치가들은 범죄적인 행위를 자행한다. 리처

드 닉슨만이 아니다. 불쌍한 닉슨은 현장에서 붙잡혔을 뿐이다. 다른 정치가들은 대단히 영리하고 교활하기 때문에 잡히지 않을 뿐이다.

모스코비츠 여사가 한껏 우쭐한 마음으로 자식 자랑을 하고 다녔다.

"내 아들 루이 얘기 듣지 못했죠?"

그녀가 이웃에게 물었다.

"아니요. 루이가 무엇을 어쨌는데요?"

"루이가 요새 정신병원에 다닙니다. 일주일에 두 번 정신과 의사의 상담을 받아요."

"그게 무슨 대수예요?"

"대수지요, 한 시간에 40달러를 내요. 무려 40달러나! 그런데 걔가 한 시간 내내 내 얘기만 한대요, 글쎄."

실제 자신의 모습에 걸맞지 않게 유명해지거나 대단한 사람이 되려는 마음을 경계하라. 지금 있는 그대로의 모습이 완벽하다. 있는 그대로 평범한 모습이 완벽한 모습이다. 대신, 그대의 평범한 삶을 비범한 방법으로 살라. 이것이 바로 열반 의식이다.

이제 마지막 이야기를 해보자. 열반을 목표로 삼는 사람은 악몽의 삶을 산다. 그런 사람에게 열반은 성취할 수 없는 무엇이요, 그래서 더없는 악몽이 된다. 그러나 작은 일들 속에서 열반을 찾으면, 작은 행위 속에서 신성을 발견하고 기도를 찾으면 그런 사람의 집은 사원이 되고 신의 거주처가 된다. 그가 보는 곳마다, 그가 손대는 것마다 아름답고 신성한 것으로 변한다. 그에게 열반은 궁극의 자유가 된다.

열반이란 평범한 삶을 깨어서 사는 것이다. 평범한 삶을 충만한 의식과 빛으로 사는 것이다. 그렇게 살 때 모든 것이 찬란하게 빛날 것이다. 이런 삶은 누구에게나 가능하다. 내가 그렇게 살았고 그렇게 체험했기 때문에 자신 있게 말할 수 있다. 나는 나 자신의 체험으로 이야기할 뿐이다. 나는 붓다도 예수도 인용하지 않는다. 나 자신만을 인용할 뿐이다.

평범한 삶 속에서 열반을 체험하는 일이 나에게 가능했다. 그러므로 그대에게도 가능하다. 그저 에고를 따라다니지만 말라 삶을 사랑하고 삶을 신뢰하라. 삶이 그대에게 필요한 모든 것을 줄 것이다. 삶이 그대에게 축복이 되어주고 지복이 되어줄 것이다.

몽상가가 돼라

프리드리히 니체는 다음과 같은 말을 했다.

"세상의 몽상가들이 모두 사라지는 날, 엄청난 재난이 불어닥칠 것이다."

인간의 진화는 모두 꿈꾸는 사람들이 존재했기 때문이다. 어제의 꿈이 오늘의 현실이 된다. 그리고 오늘의 꿈이 내일의 현실이 된다.

시인은 모두 몽상가들이다. 음악가들도 몽상가들이다. 신비가들도 모두 몽상가들이다. 사실 창조는 꿈의 부산물이다. 하지만 내가 말하는 꿈은 프로이트가 분석하는 꿈이 아니다. 그대는 시인과 조각가, 건축가, 신비가, 무용가 등의 꿈과 병든 자의 꿈을 구별할 수 있어야 한다.

프로이트가 인류 진화의 초석이 된 위대한 몽상가들을 연구하지 않은 것은 참으로 불행한 일이었다. 그가 상대한 사람들은 모두 병든 사람들뿐이었다. 그는 일생 동안 정신병 환자의 꿈을 분석했기 때문에 '꿈'이라는 말은 부정적인 단어가 되고 말았다. 미친 사람도 꿈을 꾼다. 하지만 그의 꿈은 자기 파괴적이다. 창조적인 사람도 꿈을 꾼다. 하지만 그의 꿈은 세상을 풍요롭게 만든다.

미켈란젤로의 일화가 있다. 어느 날 미켈란젤로가 대리석 시장을 걷고 있었다. 시장을 걷다가 우연히 아름다운 대리석을 보았다. 미켈란젤로가 가게 주인에게 대리석에 대해 물었다.

그러자 가게 주인이 이렇게 말했다.

"원한다면 공짜로 가져가세요. 지난 12년 동안 아무도 찾지 않아 자리만 차지하고 있었답니다. 이 대리석은 별로 가치가 없는 것 같아요."

미켈란젤로는 그 대리석을 가지고 가서 1년 동안 작업을 했다. 그리고 더없이 아름다운 조각품을 완성시켰다. 그 작품은 아마 세상에서 가장 아름다운 조각일 것이다. 그런데 몇 년 전에 어떤 미친 사람이 그 조각을 부수려고 했다. 바티칸에 있는 이 조각품은 십자가에서 내려온 예수의 시신이 마리아의 무릎 위에 놓여 있는 모습을 그리고 있다.

나는 그 조각품을 사진으로밖에 보지 못했는데, 예수가 어느 순간에라도 깨어날 듯한, 정말 살아 있는 조각이었다. 우리는 참으로 기막힌 예술성을 표현한 이 작품에서 예수의 힘과 연약함을 동시에 느낄 수 있다. 또한 언제라도 눈물방울이 떨어질 듯한 예수의 어머니, 마리아의 슬픔도 생생하게 느낄 수 있다.

불과 몇 년 전 한 미친 사람이 미켈란젤로의 이 작품을 망치로 부숴버리고 말았다. 왜 그런 짓을 했느냐는 질문에 그는 이렇게 대답했다.

"나도 좀 유명해지고 싶었습니다. 미켈란젤로는 1년 동안 작업을 하고 유명해졌잖아요. 그러나 나는 이걸 부수는 데 5분밖에 걸리지 않았습니다. 그래서 내 이름이 전 세계 신문에 났습니다."

두 사람 다 대리석을 가지고 일을 했다. 한 사람은 창조적인 일을 했고 다른 한 사람은 파괴적인 일을 했다.

1년 후 미켈란젤로는 조각을 완성한 뒤, 대리석을 공짜로 주었던 가게 주인을 초대해서 작품을 보여주었다.

가게 주인이 물었다.

"어디서 이런 아름다운 대리석을 구했습니까?"

그는 자신의 눈을 믿을 수 없었다.

미켈란젤로가 대답했다.

"모르겠습니까? 이게 당신의 가게 앞에 12년이나 놓여 있던 바로 그 대리석입니다."

"그렇게도 못생긴 대리석에서 이렇게도 아름다운 작품이 나올 수 있다는 것을 대체 어떻게 알았습니까?"

미켈란젤로가 대답했다.

"당시 나는 이런 작품을 꿈꾸고 있었습니다. 그런데 당신 가게 앞을 지나가다가 우연히 대리석을 보았습니다. 내가 대리석 앞을 지나는 순간, 예수님이 '내가 바위 안에 갇혀 있다. 나를 꺼내다오. 내가 바위 밖으로 나갈 수 있도록 도와다오.' 하고 저에게 말을 하는 것이에요. 대리석을 보는 순간, 나는 그동안 꿈꿔왔던 작품을 볼 수 있었습니다. 내가 한 일은 별것 아닙니다. 나는 그저 예수님을 감싸고 있던, 불필요한 부분들을 떼어냈을 뿐입니다. 불필요한 부분들을 떼어내자 예수님과 마리아가 자유의 몸이 된 것입니다."

프로이트와 같은 재능을 지닌 사람이 병든 사람의 꿈을 분석하는 대신에 건강한 사람, 나아가서 창조적인 사람의 꿈을 분석했더라면 세상에 엄청난 기여를 했을 것이다. 그들의 꿈을 분석했더라면 꿈에는 억압에서 비롯된 것만 있지 않음을 발견했을 것이다. 보통 사람들보다 훨씬 창조적인 의식에서 나오는 꿈도 존재함을 발견했을 것이다. 그들의 꿈은 보통 사람들의 것처럼 병들어 있지 않다. 인류의 의식과 그 진화는 이런 몽상가들로부터 비롯된 것이다.

존재계는 하나의 유기체다. 사람들은 서로 연결되어 있을 뿐 아니라 나무들과도 연결되어 있다. 사람들이 서로 함께 호흡할 뿐 아니라 온 우주가 서로 함께 숨 쉬고 있다.

우주는 깊은 조화 속에 있다. 오직 인간만이 조화의 언어를 잊어버렸다. 나는 그대에게 잊어버린 언어를 다시 상기시켜 주는 일을 하고 있다. 없는 조화를 만들어내는 게 아니다. 조화가 그대의 실체이다.

그대는 자신의 실체를 잊어버렸을 뿐이다. 어쩌면 그런 조화가 너무나 당연해서 잊어버리는지도 모르겠다. 어쩌면 그대가 조화 속에 있기 때문에 그 조화를 보지 못하는지도 모르겠다.

물고기에 관한 옛 우화를 들어보았는가? 어느 철학적인 물고기가 다른 물고기에게 이렇게 물었다고 한다.

"나는 바다에 대해 들은 바가 많소. 바다는 대체 어디 있소?"

이렇게 질문한 물고기는 바로 바닷속에 있었다! 그 물고기는 바닷속에서 태어났고 바닷속에서 자랐으며 바다를 벗어난 적이 없었다. 그래서 그 물고기는 자신과 떨어져 있는 객체로서의 바다를 본 적이 없었던 것이다. 그때 나이 든 물고기가 바다를 찾는 물고기에게 말했다.

"우리는 지금 네가 찾는 바닷속에 있다!"

젊은 물고기가 대들었다.

"농담을 하시는 겁니까? 이건 물이에요. 어떻게 물을 바다라고 할 수 있습니까? 좀 더 지혜로운 사람을 찾아봐야겠습니다."

물고기는 어부에 붙잡혀 바다 밖으로 나올 때라야 비로소 바다의 존재를 자각하게 된다. 그때에 비로소 자신이 평생 바닷속에 있었음을, 바다가 자신의 삶이었음을, 바다 밖에서는 살 수 없음을 깨닫는다.

그러나 인간의 경우는 어렵다. 그대를 존재계 밖으로 데려갈 수 없기 때문이다. 존재계에는 한계가 없다. 밖으로 빠져나와 '아, 저기가 존재계구나.'라고 말할 수 있는 경계가 없다. 그대가 어디를 가든 그곳은 존재계의 일부이다.

우리는 모두 같이 호흡하고 있다. 우리는 전체 오케스트라의 악기들이다. 이를 이해하려면 깊은 체험을 해야 한다. 이를 꿈이라 부르지 말라. 꿈은 프로이트로 인해 부정적인 이미지를 갖고 있다. 원래 꿈은 세상 어느 낱말보다 아름다운 말이요 시적인 말이었다.

있는 그대로 침묵해보라. 있는 그대로 기뻐해보라. 있는 그대로 존재해보라. 그러면 자신이 다른 사람들과 연결되어 있음을 느낄 것이다. 사람들의 생각은 제각기 다르다. 그래서 그대는 생각 속에서 다른 사람들과 분리 되어 있다. 그러나 생각을 멈추면 사람들을 나누고 있는 장벽들이 무너져 내린다. 둘의 침묵은 결코 둘이 아니다. 둘의 침묵은 하나이다.

사랑과 침묵, 지복, 환희, 신성 등 삶의 귀중한 가치를 깨달을 때 그대는 무한한 하나 됨을 깨닫는다. 무한한 하나 됨 속에서는 우리 모두가 하나의 실재에서 나온 다양한 존재들이다. 하나의 가수가 부르는 다양한 노래들이다. 하나의 춤꾼이 추는 다양한 춤들이다. 하나의 화가가 그리는 다양한 그림들이다. 화가는 한 명이다.

하지만 이를 꿈이라 하면 이것이 실재임을 깨닫지 못한다. 그러므로 이를 꿈이라 부르지는 말라. 실재는 어느 꿈보다 아름답다. 실재는 우리가 상상할 수 없을 정도로 찬란하고 아름답다. 실재는 더없이 기뻐하고 춤을 춘다. 하지만 그대는 너무 깊은 무의식 속에 잠들어 있다.

자신이 타인과 분리되어 있다고 생각하는 것, 이것이 우리들의 첫째 무의식이다. 하지만 모든 사람은 섬으로 나뉘어 있는 존재가 아니라 광대한 대륙의 부분들임을 다시 한번 강조한다. 물론 현상에서는 다양하게 나타나있지만 그렇게 보인다고 우리가 분리되어 있는 것은 아니다. 다양성은 삶을 풍요롭게 만든다. 우리의 한 부분은 히말라야 속에 있고 다른 부분은 별들 속에 있으며 또 다른 부분은 장미 속에 있다. 우리의 한 부분은 비상하는 새 속에 있고 다른 부분은 푸른 나무속에 있다. 우리는 온 세상에 퍼져 있다. 이를 실제로 체험할 때 그대의 인생관이 송두리째 변하고, 그대의 모든 생활이 변하고, 그대의 존재 자체가 바뀐다.

우리가 하나임을 깨달을 때 그대는 사랑으로 넘쳐흐를 것이다. 생명에 대한 경외심으로 넘쳐흐를 것이다. 이때 그대는 기독교와 힌두교, 이슬람교 등을 뛰어넘어 참다운 종교인이 될 것이다. 순수하고 진실한 종교인이 될 것이다. '종교Religion'라는 말은 아름답다. 종교라는 말은 무지로 갈라진 사람들을 묶어줄 뿐 아니라 사람들의 의식을 깨워 서로 분리되어 있지 않음을 깨닫게 해 주는 어근語根에서 나왔다.

그렇게 의식이 하나로 깨어날 때 그대는 나무조차도 해칠 수 없다. 그때 비로소 그대의 사랑은 억지로 행하는 사랑이 아니라 있는 그대로 저절로 흘러넘치는 사랑이 될 것이다. 계율이 된 사랑은 가짜 사랑이다. 억지로 배운 비폭력은 가짜 비폭력이다. 넘쳐흐르지 않는 자비는 가짜 자비이다. 사랑이든 비폭력이든 자비이든, 인위적인 노력 없이 흘러넘칠 때 더없이 진실한 것이 된다.

사람들은 종교의 이름으로 수많은 범죄를 저질렀다. 종교인이라고 하는 사람들이 일반인보다 많은 사람들을 죽였다. 물론 범죄를 저지른 종교들은 가짜요 사이비들일 뿐이다. 이제 우리는 참 종교를 낳아야 한다.

웰스(Wells, H.G, 1866~1946), 영국 켄트 브롬리 태생의 소설가이자 문명비평가. 주요 저서로는 『타임 머신The Time Machine (1895)』, 『세계사 대계The Outline of History (1920)』 등이 있음_역주가 자신의 걸작인 『세계사 대계』를 출판했을 때 이런 질문을 받았다. "문명에 대해 어떻게 생각하십니까?" 웰스는 이렇게 대답했다. "문명이라고요? 그거 좋은 말입니다. 한데 문명을 만들려면 노력을 해야지요. 아직까지 문명은 존재한 적이 없습니다."

아직까지 문명도, 문화도, 종교도 존재한 적이 없다. 문명, 문화, 종교의 이름으로 우리는 온갖 야만적이고 원시적이고 비인간적인 행위를 수없이 저질렀다. 인간은 타락했다. 그러므로 우리는 모두가 하나라는 진리를 다시 깨달아야 한다. 우리 모두가 하나라는 말은 결코 가설이 아니다. 그것은 모든 명상가들의 체험이다. 전 존재계가 하나의 유기체임은 인간의 역사가 시작되고부터 예외 없이 모든 명상가가 체험한 진리이다.

그러므로 명상의 아름다운 체험들을 꿈으로 오인하지 말라. 진리의 체험을 꿈이라 부르면 진리가 오도된다. 꿈을 실현하라! 하지만 진리를 꿈으로 만들지는 말라!

네
가
지

문
제

텅 비어 있는 것은 아름답다. 텅 빔을 축복으로 받아들여라. 그러면 창조도 텅 빔 속에서 나오며 위대한 책도 텅 빔 속에서 태어남을 깨달을 것이다. 따라서 공허감을 두려워하지 말라. 공허는 원래 아름다운 것인데 그대가 잘못 바라보고 있는 것이다.

기억과 상상력

항상 "기억을 버려라. 지금 여기에 살라."고 말씀하십니다. 하지만 저는 모든 저술을 기억에 의존해야만 하는 작가로서 기억을 버리는 것은 창의적인 상상력을 버리는 것과 같습니다. 예술이나 그 예술을 가능하게 하는 상상력이 없다면 지금 이 세상이 어떻게 될지 모르겠습니다. 톨스토이가 붓다가 되지 못했듯이 붓다가 『전쟁과 평화』를 쓸 수 없지 않겠습니까?

그대는 내 말을 제대로 이해하지 못했다. 어쩌면 그것은 당연하다. 나를 진실로 이해하는 것은 거의 불가능하다. 왜냐하면 나를 이해하기 위해서는 기억을 버려야 하기 때문이다. 그대의 기억이 방해를 하고 있다. 그대는 내 말을 들으면서 쉼 없이 자신의 기억이나 과거에 따라 내 말을 해석한다. 그대가 지금 여기에 존재하지 않으면 나를 이해하는 것은 불가능하다. 그저 신체적인 만남이 있을 뿐. 그대가 지금 여기에 있는 순간만, 그대는 진정으로 나와 함께 있는 것이다. 그렇지 않으면 그대의 몸만 여기 있고 마음은 딴 데 있는 것이다.

나는 그대에게 사실적인 기억을 버리라고 말한 적이 없다. 사실적인 기억을 버리는 것은 어리석은 짓이다. 사실적인 기억은 누구에게나 꼭 필요하다. 누구나 자신의 이름을 알아야 하고 자신의 부모가 누구인지, 자신의 아이들이 누구인지, 자신의 주소가 무엇인지 알아야 한다. 그대가 호텔에 들어가서 방을 찾는 데도 기억이 필요함은 물론이다. 나는 이러한 사실적인 기억을 이야기하는 게 아니라 심리적인 기억을 말한다. 사실적인 기억은 아무런 문제가 되지 않는다. 하지만 그대가 그런 사실적인 기억에 의해 동요한다면 문제가 일어나기 시작한다. 둘 사이의 차이를 잘 알라.

예를 들어보자. 어제 누가 그대를 모욕했다. 그리고 오늘 길에서 그와 마주친다. '어제 저자가 나를 모욕했다.'는 엄연한 사실적인 기억이다. 하지만 심리적인 기억은 그 사람을 보고 화가 난다. 그 사람은 그대에게 사과를 하러 오는 것일 수도 있다. 용서를 구하러 오는 것일 수도 있고 변명을 하러 오는 것일 수도 있다. 자신의 실수를 깨닫고서 말이다. 그는 자신의 무의식적인 행동을 깨달았을 수도 있다. 그렇다해도 그를 보는 순간, 그대의 마음속에서는 화가 부글부글 끓어오른다. 그리고 큰 소리로 화를 낸다. 그대는 지금 여기서 그의 얼굴을 보고 있지 않다. 그대는 어제 본 그의 얼굴에 의해 지배당하고 있는 것이다. 하지만 어제는 어제일 뿐이다! 갠지스 강 아래로 얼마나 많은 물이 흘러갔는가? 그는 분명 어제의 그가 아니다. 하루 동안 많은 변화가 일어났을 것이다. 그대 또한 어제의 그대가 아니다.

사실적인 기억은 이렇게 말한다. "이 사람이 어제 나를 모욕했다." 그러나 '나'도 변했고 '그' 또한 변했다. 그러므로 어제의 일은 지금의 그대와는 아무런 관련이 없는 두 사람 사이에 일어난 사건이다. 따라서 그대는 어제의 모욕으로부터 자유로울 수 있다. 그렇게 자유로우면 "아직도 화가 난다."고 말할 필요가 없어진다. 마음속에 화가 더 이상 남아 있지 않은 것이다. 물론 사실적인 기억은 아직도 머릿속에 남아 있겠지만 사실적인 기억으로부터 더 이상 영향을 받지 않는다. 그래서 그대는 지금의 '그'를 만나고 그는 지금의 '그대'를 만난다.

어떤 사람이 붓다에게 와서 갑자기 붓다의 뺨을 때렸다. 그 사람은 단단히 화가 나 있었다. 그는 브라만Brahman, 인도 카스트 제도에서 가장 높은 사제 계급_역주이었기 때문에 사제계급을 비판하는 붓다에게 화가 나 있었던 것이다.

붓다가 자신의 뺨을 어루만지고는 그에게 물었다.

"내게 말할 게 있소?"

이번에는 옆에서 이를 지켜보고 있던 붓다의 제자, 아난다가 화가

났다. 화가 난 나머지 붓다에게 이렇게 요청했다.

"잠깐만 이자의 버릇을 고쳐주어야겠습니다. 이건 해도 너무합니다. 절대로 두고만 볼 수 없습니다."

붓다가 말했다.

"하지만 그가 너의 뺨을 때린 게 아니다. 이건 나의 뺨이야. 그리고 이 사람을 보라. 얼마나 가련한가! 이 사람을 보라. 그를 불쌍히 여겨라. 그는 내게 뭔가를 말하고자 했으나 표현이 적당하지 않았을 뿐이다. 이것은 나의 문제이기도 하다. 내 일생 동안의 문제이다. 나는 이 사람이 얼마나 힘든 상황에 있는지 안다. 내가 깨달은 바를 그대에게 말해주고는 싶으나 말로써는 표현할 길이 없다. 이 사람 역시 나와 같은 처지에 있는 것이다. 너무 화가 나서 말로써는 표현할 길이 없는 것이다. 나의 사랑은 너무나 깊고 깊어서 이를 표현할 말이 없다. 그런 까닭에 나는 이 사람의 상황을 이해한다. 그를 보라!"

붓다도 그를 보고 있었으며, 아난다 역시 그를 보고 있었다. 붓다는 다만 사실적인 기억을 불러내고 있었다. 하지만 아난다는 심리적인 기억을 만들어내고 있었다.

붓다를 때린 남자는 자신의 귀를 의심하지 않을 수 없었다. 그는 충격을 받았다. 붓다가 그를 받아쳤다면, 아난다가 달려들었다면 놀라지 않았을 것이다. 늘 일어나는 일이 일어났다면 놀라지 않았을 것이다. 그러나 그의 처지를 꿰뚫어보는 붓다의 말을 듣고는 그 남자는 그날 밤 잠을 이룰 수 없었다. 붓다의 반응에 대해 사색하고 명상했다.

그리고 자신이 한 일을 깨우치기 시작했다. 커다란 상처가 느껴지기 시작했다.

다음 날 아침 남자는 붓다에게 달려가 그의 발아래 엎드렸다.

붓다가 아난다에게 말했다.

"보라, 역시 같은 문제이다! 그는 크나큰 감사를 느끼고 있는데 이를 어떤 말로도 표현하지 못하고 있다. 그저 나의 발아래 엎드려 있을 뿐이다. 인간의 언어는 이렇듯 무력하다. 가슴이 복받쳐 오르는 것을 우리는 표현할 수도, 전달할 수도, 말할 수도 없는 것이다. 이를 상징적으로 나타내기 위해 그저 몸짓을 해볼 수 있을 뿐이다."

남자는 울면서 이렇게 말했다.

"용서하십시오. 죄송해서 몸 둘 바를 모르겠습니다. 선생님과 같은 분의 뺨을 때린 건 정말 어리석은 일이었습니다."

붓다가 말했다.

"그 일에 대해서는 잊어버리시오. 당신이 때린 사람도 없고 나를 때린 사람도 없소이다. 당신도 새로운 사람이고 나도 새로운 사람이오. 보시오, 저기 떠오르는 태양도 새롭지 않소? 모든 것은 순간순간 새롭게 태어나오. 어제는 더 이상 존재하지 않소이다. 그러니 잊어버리시오! 당신이 나를 때린 일이 없거늘, 내가 어떻게 당신을 용서한단 말이오? 당신은 이미 과거에 없어진 사람을 때린 것이오."

의식은 끊임없이 흐르는 강물이다. 내가 기억을 버리라고 말할 때는 심리적인 기억을 말한다. 사실적인 기억을 버리라는 뜻이 아니다. 붓다는 그 남자가 어제 자신을 때린 사실을 기억하고 있었지만, 남자도 자신도 더 이상 같은 사람이 아님을 알고 있었다. 한 페이지가 끝난 것이다. 일생 동안 그것을 짊어지고 다닐 필요가 없다. 그러나 그대는 이미 지나간 것들을 계속 짊어지고 다닌다. 누군가 10년 전에 말한 것을 아직도 짊어지고 다닌다. 어렸을 때 어머니가 화낸 사실을 아직도 짊어지고 다닌다. 어렸을 때 아버지가 때린 사실을 아직도 짊어지고 다닌다. 일흔 살, 여든 살까지 짊어지고 다닌다.

이런 심리적인 기억은 끊임없이 그대를 괴롭힌다. 그대의 자유를 파괴하고 그대의 생명력을 파괴하며 그대의 존재를 파괴한다. 하지만 사실적인 기억에는 아무런 문제가 없다.

잘 살펴봐야 할 게 한 가지 더 있다. 심리적인 기억이 없으면 사실적인 기억이 대단히 정확해진다는 것이다. 심리적인 기억은 사실적인 기억을 방해한다. 만약 그대가 심리적인 기억으로 인해 심하게 동요하면 그대는 과거의 사실을 정확하게 기억할 수 없다. 그것은 불가능하다! 그대가 떨면서 심하게 동요하고 있는데 어떻게 정확히 기억할 수 있겠는가? 심리적인 기억으로 동요하면 그대는 사실을 과장하거나 사실에 뭔가를 보태거나 뺄 것이다. 원래의 사실에서 새로운 것을 만들어낼 것이다. 그래서 그대의 진실성은 희미해질 것이다.

심리적 기억이 없는 사람은 믿음이 가는 사람이다. 그래서 사람보다 컴퓨터의 신뢰도가 훨씬 더 높은 것이다. 컴퓨터에는 심리적 기억이 없기 때문이다. 컴퓨터에는 있는 그대로의 사실밖에 없다.

그대가 말하는 사실은 사실이 아니다. 그대가 말하는 사실은 다분히 조작된 것이다. 그대는 사실에 변화를 주고 색칠을 하고, 그래서 자기 구미에 맞는 것으로 변화시킨다. 그런 것은 더 이상 있는 그대로의 사실이 아니다! 오직 붓다만이, 여래如來만이, 깨달은 자만이 사실을 있는 그대로 본다. 그대는 결코 사실을 보지 못한다. 이유는 그대의 마음에 너무나 많은 허구들이 존재하기 때문이다. 그대는 하나의 사실을 접하면 즉시 자기의 구미에 맞는 허구로 변형시켜버린다. 사실을 있는 그대로 보지 못하고 끊임없이 왜곡시키는 것이다.

붓다는 이렇게 말한다.

"여래는 진실에 부합되는 말을 하기 때문에 항상 옳을 수밖에 없다."

여래는 진리 외에는 말하지 않는다. 여래는 여여如如와 같은 말이다. 여래는 있는 그대로를 비춘다. 그는 거울이다. 심리적인 기억을 버리고 거울이 돼라. 내 말은 바로 이런 뜻이다.

그대는 이렇게 물었다. "항상 '기억을 버려라, 지금 여기에 살라.'고 말씀하십니다." 이 말은 그대의 과거 전부를 기억하지 말라는 말이 아니다. 과거는 현재의 부분이다. 그대가 과거에 한 것은 모두 그대의 현재 안에 있다. 그것은 지금 여기에 있다. 그대의 어린 시절도 지금의 그대 안에 있으며, 청년 시절도 지금의 그대 안에 있다. 그대가 과거에 한 것은 모두 지금의 그대 안에 있는 것이다. 그대가 과거에 먹은 음식도 피가 되어 지금의 그대 안에서 흐르고 있다. 뼈가 되고 살이 되었다. 그대가 경험한 사랑은 이미 지나갔지만 지금의 그대를 만들어놓았다. 그대는 사랑의 경험을 통해 삶에 새로운 눈을 떴다. 어제도 그대는 나의 강의를 들었다. 그것은 이미 과거가 되었지만 진짜로 완전한 과거가 된 것일까? 어떻게 완전한 과거가 될 수 있겠는가? 그대는 어제의 강의를 통해 변화되었으며 새로운 삶에 눈떴다. 그래서 지금의 그대가 되었다.

현재는 모든 과거를 담고 있다. 그대가 나를 진정으로 이해할 수 있다면 그대의 현재는 그대의 모든 미래까지 담고 있음을 알 수 있다. 그대의 현재는 과거에서 나왔듯이 그대의 미래는 현재에서 나오기 때문이다. 지금 여기에서 어떻게 사느냐가 미래의 방향을 설정하기 때문이다.

그러므로 현재의 순간에 모든 과거가 담겨 있다. 또한 현재의 순간은 모든 미래를 잉태한다. 그러나 걱정하지는 말라! 과거는 그저 거기에 있을 뿐이다. 심리적인 기억으로 들고 다닐 필요도, 무거운 짐으로 들고 다닐 필요도 없다. 그대가 나를 제대로 이해했다면 과거는 이미 현재 속에 담겨 있음을 알 것이다. 나무는 어제 빨아올린 물에 대해서 생각하지도 걱정하지도 않지만 거기 있다. 걱정을 하던 하지 않던 물은 거기 있다. 또한 나무는 이제 받은 햇빛에 대해서도 생각하지 않는다. 나무는 그렇게 어리석지 않다. 인간만큼 어리석지 않다.

왜 어제 받은 햇빛에 대해 신경 쓴단 말인가? 나무는 이미 흡수해서 소화시켰다. 그 빛을 다채로운 색으로 변형시켰다. 나무는 심리적 기억을 하지 않고 지금 이 아침의 햇빛을 즐긴다. 나무의 잎에, 꽃에, 가지에, 뿌리에, 수액에 '어제'가 들어 있다. 어제는 거기에 있다! 미래 또한 거기에 있다. 내일 꽃으로 피어날 새싹이 거기에 있다. 내일 무성한 잎으로 성장할 어린 잎이 거기에 있다.

현재의 순간은 모든 것을 담고 있다. 지금이 영원이다. 그러므로 내 말은 과거의 사실을 모두 잊으라는 말이 아니다. 내 말은 '과거의 사실은 과거에 묻어두고 더 이상 동요하지 말라.'는 뜻이다. 과거가 현재의 심리적 부담이 되어서는 안 된다. 과거는 엄연한 사실이다. 과거를 과거에 묻어두라. 물론 이것은 과거를 기억하는 능력을 없애라는 말이 아니다. 과거를 기억하는 능력은 두말할 것도 없이 필요하다. 하지만 그 능력은 현재를 위해서 필요하다. 현재의 순간에 기억할 필요가 생기면 과거 사실을 기억해야 한다. 누가 전화번호를 물어보면 기억을 불러내 말해주어야 한다. 내가 기억을 버리라고 했다고 "나는 전화번호 몰라요. 내 과거를 모두 버렸거든요."라고 대답한다면 상대로부터 어떤 반응이 올지 누구나 상상할 수 있을 것이다. 자유롭고자 기억을 버린 것이, 기쁨과 찬미의 삶을 살고자 기억을 버린 것이 오히려 화를 불러올 수도 있다. 불필요한 문제들을 일으킬 수 있다. 그럴 필요가 전혀 없다. 그러므로 나를 잘 이해하라.

그대는 이렇게 말하고 있다.

"기억을 버리는 것은 창의적인 상상력을 버리는 것과 진배없습니다."

기억이 창의적인 상상력과 무슨 관계가 있다는 말인가? 사실은 기억이 많을수록 창의력은 떨어진다. 창의력은 매번 새로운 것을 시도하는 것인 반면, 기억이란 똑같은 것을 되풀이하는 것이기 때문이다. 새로운 것을 시도하려면 기억을 한쪽으로 치워서 과거가 간섭하지 못하도록 해야 한다.

항상 새로운 것에 문을 열어 놓으라. 항상 새로운 것을 떨리는 가슴으로 받아들이라. 과거는 새로운 체험을 표현할 경우에나 필요하다. 과거는 언어를 사용할 경우에나 필요하다. 언어는 과거에서 오는 것이다. 지금 당장 새로운 언어를 만들 수는 없다. 그대가 새로운 언어를 만들어낸다면 그것은 아무런 의미도 없는 횡설수설이 될 것이다. 그것은 서로의 의사를 소통할 수 있는 언어가 아니다. 아기의 옹알이와 같은 무의미한 입놀림일 뿐이다. 거기에는 아무런 창조성이 없다. 언어는 무릇 서로의 의사를 소통할 수 있는, 의미 있는 말이 되어야한다. 하지만 언어는 체험 뒤에 와야 하는 것이다. 체험을 표현하는 도구가 되어야 한다. 언어가 그대의 존재를 방해해서는 안 된다.

이른 아침 꽃잎을 여는 장미를 보라! 그 모습을 깊이 새겨라. 깊이 소화하라. 장미의 붉음이 그대 자신을 압도하게 하라. 아무 말도 하지 말고 그저 지켜보라. 인내심을 가지고 마음의 문을 열라. 그리고 흡수하라. 장미가 그대 속으로 들어오게 하고, 그대가 장미 속으로 들어가게 하라. 장미와 그대, 두 존재의 만남이 일어나게 하고 합일이 일어나게 하라. 서로 하나가 되게 하라.

장미로 하여금 그대 안으로 더 깊이 들어오게 하면 그대는 장미 속으로 더 깊이 들어갈 수 있다. 이 점을 기억하라, 서로가 서로에게 들어가는 정도는 항상 똑같다. 그러면 누가 장미이고 누가 보는 자인지 알 수 없는 순간이 온다. 그대가 장미가 되고 장미가 그대가 되는 순간, 관찰자가 피관찰자가 되는 순간, 모든 이중성이 사라진다. 그 순간에 그대는 장미의 실제를, 그 본질을 사용해 깨닫는다. 바로 그런 체험을 했을 때 언어를 사용해 예술로 표현하라. 그대가 화가라면 붓을 들어 캔버스에 그림을 그려라. 그대가 시인이라면 적절한 언어로 표현하라.

그러나 체험이 일어나는 동안에는 속으로도 말하지 말라. 속으로 말하는 것도 체험을 방해한다. 그리면 장미의 깊이를 알 수 없게 된다. 피상적이고 표피적인 것만 알 수 있을 뿐이다. 표피적인 것만을 알면 그 표현은 피상적인 것이 된다. 그런 예술은 아무런 가치가 없는 예술이다.

그대는 이렇게 말하고 있다.

"기억을 버리는 것은 창의적인 상상력을 버리는 것과 진배없습니다."

그대는 창의성이 무엇을 의미하는지 알지 못한다. 창의성이란 새로운 것, 신선한 것, 독창적인 것을 뜻한다. 창의성이란 처음 보는 것, 미지의 것을 뜻한다. 그대는 마음의 문을 열어놓고 수동적으로 기다려야 한다. 기억을 한쪽에 제쳐두어야 한다. 기억은 나중에나 필요하기 때문이다. 체험을 할 때 기억은 방해만 되기 때문이다.

예를 들어 지금 그대는 나의 강의를 듣고 있다. 기억은 한쪽에 제쳐두었다. 그대는 나의 강의를 들으면서 예전에 배운 수학공식을 복습하는가? 머릿속으로 복잡한 계산을 하는가? 예전에 배운 지리를 복습하는가? 예전에 배운 역사를 암기하는가? 그대는 모든 것을 한쪽에 제쳐둔다. 말도 마찬가지이다. 수학과 지리, 역사를 제쳐두는 것처럼 말도 한쪽에 제쳐두어야 한다. 말은 나중에 필요할 때 쓰면 되는 것이다. 그러므로 모든 마음을 한쪽에 제쳐두라.

이것은 마음을 없애라는 말이 아니다. 이것은 마음에게 잠시 휴식을 주라는 말이다. 마음에게 휴가를 주라. 그대의 마음에게 이렇게 말하라.

"나는 지금 강의를 듣고 싶다. 그러니 너는 한 시간만 쉬어라. 내가 강의를 듣고 나서, 강의를 흡수하고 나서, 강의를 소화하고 나서 너를 부르겠다. 그때 너의 도움이 필요하다. 너의 언어와 지식과 정보가 필요하다. 그때 너의 도움을 받아서 그림을 그리고 시를 쓰고 책을 쓰겠다. 하지만 지금은 쉬어라."

그렇게 마음이 쉬고 나면 그대의 심신은 한층 새로워질 것이다.

하지만 그대는 마음에게 휴가를 주지 않는다. 올림픽에 나가는 선수를 생각해보라. 그는 올림픽을 위해 하루 종일 연습한다. 그런데 시합이 벌어지는 날까지 너무 연습에 몰입한다면, 시합 당일에 힘을 제대로 쓸 수 없다. 그러므로 시합 전에는 충분한 휴식이 필요하다. 신체가 활력을 되찾을 수 있는 휴식이 필요하다.

마음도 바로 이와 같다. 창의적인 상상력은 기억과는 무관하다. 오히려 기억에 관심을 두지 않을 때 상상력이 살아난다. 나를 참으로 이해하고 심리적인 기억에 신경 쓰지 않을 때 그대는 진정으로 창조적인 사람이 될 수 있다. 심리적인 기억에 신경 쓴다면 그대의 창조는 진정한 창조가 될 수 없다. 그대가 생각하는 창조는 조립에 불과하다. 그대는 묵은 것들을 다른 방식으로 조립한다. 하지만 묵은 것은 묵은 것일 뿐이다. 거기에는 아무런 새로움이 없다. 그대가 하는 것은 그저 구조를 바꾸는 것일 뿐이다.

이것은 그대의 방을 다시 꾸미는 것과 같다. 가구도, 그림도, 커튼도 똑같다. 그대는 이들을 재배치한다. 책상과 의자를 옮기고 그림을 다른 벽에 붙인다. 이것이 거의 모든 작가와 시인, 화가 등이 하는 창작이다. 그들은 모두 변변치 못한 창작가들이다. 그들은 진정한 창작을 보여주지 못한다.

기지의 세계에 미지의 것을 불러오는 사람, 이 땅에 신성을 불러오는 사람, 신이 무엇인가를 말할 수 있도록 돕는 사람, 빈 대나무가 되어 신이 자신을 통해 흐르게 하는 사람, 이런 사람이 창조적인 사람이다. 어떻게 하면 빈 대나무가 될 수 있는가? 마음으로 가득 찬 사람은 빈 대나무가 될 수 없다. 창조는 창조자에게서 나오는 것이지 그대에게서 나오는 게 아니다. 그대가 사라지고 창조자가 드러날 때 창조는 자발적으로 일어나기 시작한다.

진짜 창조자들은 자신이 창조자가 아님을, 자신은 하나의 도구임을 잘 안다. 분명 창조적인 그 무엇이 그를 통해 일어나지만 그가 창조의 행위자는 아니라는 말이다..

전문가와 창조적인 사람과의 차이를 이해하라. 전문가는 일을 처리하는 방법만을 알 뿐이다. 그는 어떤 방법으로 일을 처리해야 할지 완벽하게 알지만 직관인 내면의 눈이 없다. 창조적인 사람은 내면의 눈이 있는 사람이요 아무도 볼 수 없었던 것을 볼 수 있는 사람이다. 어떤 눈도 볼 수 없었던 것을 볼 수 있는 사람이요, 어떤 귀도 들을 수 없었던 것을 들을 수 있는 사람이다. 그런 사람에게 창조는 자연스럽게 일어난다.

있는 그대로 보라. 예수의 말들은 창조적이다. 예수 이전에 예수와 같이 말한 사람은 아무도 없었다. 예수는 교육을 받지 못했다. 그는 연설을 어떻게 해야 하고 웅변을 어떻게 해야 하는지 아무것도 몰랐다. 하지만 그의 말은 그 어떤 사람의 말보다도 깊이 사람들의 마음을 파고들었다. 무슨 비결이 있어서일까? 그에게는 직관이 있었던 것이다. 그는 직관으로 신을 들여다보았다. 미지의 세계를 들여다보았다. 그래서 미지의 세계를 만났다. 그는 그 세계로 들어가서 진리의 단편들을 꺼내어 왔다. 우리는 오직 단편만을 꺼내어 올 수 있을 뿐이다. 하지만 그 단편만으로도 우리는 인류의 의식을 변형시킬 수 있다.

예수는 창조적인 사람이었다. 그래서 나는 그를 예술가라 부른다. 붓다와 크리슈나, 노자, 이들이야말로 진짜 예술가들이다! 그들은 불가능을 가능하게 만든다. 여기서 불가능이라는 것은 기지와 미지를 만나게 하는 것, 마음과 무심을 만나게 하는 것을 말한다. 그것은 사실 불가능한 일이다. 하지만 진정한 창조가들은 불가능을 가능하게 만든다.

그대는 이렇게 묻고 있다.

"기억을 버리는 것은 창의적인 상상력을 버리는 것과 진배없습니다."

그렇지 않다. 기억과 창의적인 상상력과는 아무런 관계가 없다. 아무런 관계가 없을 뿐 아니라, 사실은 기억을 한쪽에 밀어놓을 때라야 상상력이 쏟아져 나오는 법이다. 마음에 기억이 너무 많으면 창의적인 상상력은 나오지 않는다.

또 그대는 이렇게 말한다.

"저는 모든 저술을 기억에 의존해야만 하는 작가로서……."

그렇다면 그대는 별로 뛰어난 작가가 아닌 듯싶다. 그대는 계속 과거를 쓰고 있다. 일종의 회고록을 쓰고 있다. 그대의 저술에는 어떤 미래도 존재하지 않는다. 그래서 그대의 저술은 일종의 과거를 기록하는 것일 뿐이다. 서류를 만드는 것일 뿐이다. 하지만 그대도 진정한 작가가 될 수 있다. 그러려면 기억의 세계가 아니라 미지의 세계와 접촉해야 한다. 기억의 세계는 이미 죽은 것이다. 그러므로 그대는 죽지 않은, 지금 현존하는 것과 접촉해야 한다. 그대 주위를 감싸고 있는 여여의 세계를 접촉해야 한다. 지금 이 순간 속으로 깊이깊이 들어가서 결국은 과거마저도 마음대로 부릴 수 있어야 한다.

진짜 창조는 기억에서 나오는 게 아니라 의식에서 나온다. 그러므로 자신의 의식을 좀 더 깨워야 한다. 의식이 많이 깨어날수록 그물은 더욱 커지고 더 많은 고기를 잡을 수 있다.

이어서 그대는 이렇게 묻는다.

"예술이나 그 예술을 가능하게 하는 상상력이 없다면 지금 이 세상이 어떤 세상이 될지 모르겠습니다."

사실 99퍼센트의 예술은 전혀 예술이라고 할 수 없는 것들이다. 한마디로 쓰레기이다. 진짜 예술은 정말 드물다. 예술가라는 사람들 중 거의 대부분은 기술자요 모방자이며 머리 회전이 빠른 사람들이다. 그들은 예술가가 아니다. 그런 99퍼센트의 예술이 사라진다면, 이것은 세상에 축복이 될 것이다. 99퍼센트의 예술은 창조가 아니라 일종의 배설이기 때문이다.

아주 뜻깊은 예술의 활용이 있으니, 예술치료가 그것이다. 예술치료는 인류에게 아주 의미 있는 치료방법이 될 수 있다. 아픈 사람들에게, 특히 정신적으로 아픈 사람들에게 예술은 대단히 유용할 수 있다. 정신질환으로 고생하는 사람에게 붓과 물감과 캔버스를 주고 자신이 원하는 대로 그림을 그리게 하는 것이다. 물론 그가 그리는 그림은 그의 정신을 그대로 반영할 것이다. 그는 자신의 광기를 그림 속에 발산함으로써 정신질환을 치유할 수 있다. 그의 그림은 일종의 카타르시스요 구토다. 심신의 정신병을 밖으로 쏟아내는 것이다. 이렇게 예술은 정신질환으로 고생하는 사람들에게 많은 도움을 줄 수 있다. 그러나 정신적으로 아무 문제가 없는 사람들에게는 별다른 효과가 없다.

미켈란젤로의 작품을 보면서 명상을 해보라. 미켈란젤로의 작품을 보면서 지속적으로 명상을 하면 깊은 침묵과 평화 속으로 들어갈 수 있다. 그의 작품은 구토가 아니다. 그는 작품 속에 미지의 세계를 표현해냈다. 그는 그림이나 조각을 통해서 자신의 광기를 토해내지 않았다. 그는 작품을 통해 자신의 질환을 제거하려고도 하지 않았다. 사실은 그 반대였다. 질환을 앓았던 게 아니라 미켈란젤로는 뭔가를 잉태했다. 사실 그는 신을 잉태했다.

그 무엇이 그의 존재에 뿌리를 내리자 그는 그것을 나누고 싶어 했다. 그것은 충만한 열매였다. 그렇게 미켈란젤로는 창조적인 삶을 살았고 창조적으로 삶을 사랑했다. 그의 생명은 깊은 신전으로 들어가 생명을 잉태하고 신을 잉태했다. 그 잉태는 곧 생명을 탄생시킬 것이었다.

미켈란젤로는 생명을 탄생시킨다. 붓다도 생명을 탄생시킨다. 베토벤도 생명을 탄생시킨다. 더없이 고귀한 것이 베토벤을 통해 내려온다. 그의 음악을 들음으로써 그대는 변형될 수 있다. 저 너머의 세계를 체험할 수 있다. 그는 음악으로 피안의 단편들을 보여준다.

그러나 99퍼센트의 현대예술은 병든 것이다. 그런 예술이 세상에서 사라져야 세상이 다시 건강해지고 아름다워질 것이다. 현대인의 마음은 분노로 가득 차 있다. 자신의 존재를 보지 못하면 분노가 일

수밖에 없다. 삶의 의미를 상실하면 분노가 일 수밖에 없다. 왜 사는
지 모르면 분노가 치밀 수밖에 없다.

사르트르의 대표작 중에 『구토』라는 작품이 있다. 현대인의 정신
은 바로 그런 상태에 있다. 현대인의 정신은 엄청난 고통 속에서 구토
를 하고 있는 형국이다. 이런 고통은 현대인 스스로가 만든 것이다.

니체는 신은 죽었다고 선언했다. 신은 죽었다고 선언한 바로 그날
부터 니체는 미치기 시작했다. 그대가 '신은 죽었다.'고 선언한다고 신
이 죽는 것은 아니다. 그대가 선언을 하건 하지 않건 거기에는 아무런
차이가 없다. 니체는 '신은 죽었다.'고 믿는 순간부터 정신이 병들면서
죽어가기 시작했다. 신이 없는 세상은 미친 세상이 될 수밖에 없다. 왜
냐하면 신이 없는 세상은 아무런 의미가 없는 세상이기 때문이다.

다만 지켜보라. 그대가 시를 읽을 때를 생각해보자. 시어詩語는 시
속에서 그 의미를 띤다. 하지만 시어들을 시에서 꺼내보라. 그러면 아
무런 의미도 띠지 못한다. 시어들은 토양을 상실해버리기 때문이다.
아름다운 그림을 조각내어 보라. 그림의 조각들에 어떤 의미가 있을
수 있는가? 그림의 조각 역시 그림이라는 토양을 상실한다. 원래의
그림은 아름다움과 그 의미를 발했지만 조각으로 분리되었을 때는
그 의미를 상실하는 것이다.

눈구멍에서 눈알을 빼내면 어떻게 되는가? 그것은 죽은 눈알이 될
것이다. 어떠한 의미도 없는 눈알이 될 것이다. 눈에서 눈알이 제 역
할을 할 때 그 눈알은 중요한 의미를 띤다. 이렇게 모든 것은 전체적인

맥락에서 존재하고 살아 움직인다. 시어들은 시 속에서 살아 움직이고 그림의 부분들은 전체 그림 속에서 살아 움직인다. 그러므로 그대가 전 존재계를 알 때 그대의 존재 의미는 빛을 발할 수 있는 것이다.

신은 죽었다고 선언한 날, 니체는 전체 그림에서 떨어져 나오고 말았다. 신이 없는 인간은 존재 의미를 상실한다. 왜냐하면 인간은 신이라는 대서사시의 단어이기 때문이다. 신이라는 교향악의 작은 음표들이기 때문이다. 작은 음표들이 교향악에서 떨어져 나와 보라. 그 음표는 무척이나 단조롭고 귀에 거슬리는 소리가 될 것이다. 정신이 이상한 소리가 될 것이 분명하다.

니체에게 일어난 일은 바로 그것이다. 그는 진실로 자신의 말을 믿었다. 그는 신자였다. 자신의 말을 믿는 신자였다. 그는 신이 죽었다고 그래서 인간은 자유라고 믿었다. 그러나 사실은 어떻게 되었는가? 그는 자유로워지지 못하고 미쳐 버렸다. 20세기는 수많은 방법으로 니체를 추종했다. 그래서 20세기 전체가 미치고 말았다. 20세기만큼 미친 시대는 역사상 존재하지 않았다. 미래의 역사가들은 20세기를 '광기의 시대'로 분류할 것이다. 20세기는 미쳤다. 전체 그림을 상실함으로써 미쳐버렸다.

그대는 왜 사는가? 무엇을 위해 사는가? 그대는 어깨를 으쓱한다. 그렇게 생각해서는 아무런 도움이 되지 않는다. 그대는 우발적인 존재로 보인다. 그대가 우발적인 존재라 해도 별다른 의미가 없어 보이며, 우발적인 존재가 아니라 해도 별다른 의미가 없어 보인다. 그대는 필요 없는 존재처럼 보인다. 아무런 목적도 없어 보인다. 그대가 존재하든 그렇지 않든, 거기에는 아무런 차이가 없어 보인다. 사실이 이런데 어떻게 행복할 수 있겠는가? 어떻게 정신이 온전할 수 있겠는가? 우발적인 존재라고? 그저 우발적인 존재? 진리가 그렇다면 모든 게 뒤죽박죽될 것이다. 살인도 정당화된다. 우발적인 존재를 죽였는데 뭐가 대수란 말인가? 어떠한 행동도 아무런 의미를 띠지 않는다. 그렇다면 살인도 괜찮고 아무렇게나 해도 괜찮다. 사실이 그렇다면 이제 남은 건 자살뿐이다.

하지만 아무렇게나 해도 괜찮은 건 아니다. 삶 속에는 그대에게 기쁨과 슬픔을 주는 일이 있다. 희열을 주는 일이 있고 고통을 주는 일이 있다. 지옥을 만드는 일이 있고 천국을 만드는 일이 있다. 그러므로 모든 것이 똑같은 것일 수는 없다. 일단 신이 죽었다고 생각하면, 전체성과의 관계가 끊어진다. 사실 신은 전체성을 뜻할 뿐이다. 바다를 잊어버린 파도에게 자신의 존재 의미는 무엇인가? 파도의 존재 의미는 아무것도 아니다. 파도는 자신이 바다의 부분임을 자각할 때라야 의미를 갖는 것이다.

참된 예술은 참된 종교성에서 나온다. 종교성이란 실재와 교감하는 길을 찾는 것이다. 이 점을 명심하라. 실재와 교감할 수 있을 때 참된 예술이 나온다.

그대는 이렇게 말하고 있다.

"예술이나 그 예술을 가능하게 하는 상상력이 없다면 지금 이 세상이 어떤 세상이 될지 모르겠습니다.”

하지만 우리가 흔히 말하는 예술의 99퍼센트가 사라지면 세상은 훨씬 더 풍요로워질 것이다. 그런 가짜 예술이 사라져야 진짜 예술이 나타날 수 있기 때문이다. 가짜 예술을 하는 사람들은 그림을 절대로 그려서는 안 된다는 말이 아니다. 그들은 그림을 그리되, 치료로써 그려야 한다. 그림을 그리는 행위도 테라피 Therapy, 치료 혹은 요법이라는 뜻. 여기서는 특히 심리요법을 가리킴_역주가 될 수 있다. 피카소에게도 테라피가 필요하다. 물론 피카소도 그림을 그려야 한다. 전시를 위한 그림을 그리는 게 아니라 테라피를 위한 그림을 그려야 한다.

그대가 명상할 수 있도록 돕는 예술이어야 참된 예술이라 할 수 있다. 구제프는 참된 예술을 ‘객관예술’이라고 했다. 그것은 명상을 돕는 예술을 뜻한다. 타지마할Taj Mahal, 인도 중세의 무갈제국 황제였던 샤 자한이 사랑했던 왕비 뭄타즈 마할의 죽음을 애도하기 위해 지은 궁정식 묘_역주은 참된 예술이다. 타지마할에 가본 적이 있는가? 타지마할은 진짜 가볼 만하다. 특히 보름밤에 타지마할에 앉아 이 걸작품을 보고 있노라면 미지의 세계를 체험할 수 있다. 피안의 세계에서 오는 뭔가를 느낄 수 있다.

타지마할이 어떻게 태어났는지 아는가?

어떤 사람이 이란의 쉬라즈Shiraz에서 왔다. 그가 쉬라즈에서 왔다는 이유로 사람들은 그를 쉬라지라고 불렀다. 그는 위대한 예술가로 쉬라즈에서 대단히 유명한 사람이었다. 그는 거의 기적과도 같은 사람이었다. 그가 인도로 온다고 하자 수많은 풍문이 떠돌기 시작했다. 당시 황제는 샤자한(Shah Jahan, 1592~1666), 그의 치세기간(1628~1657)은 무갈제국의 최전성기로, 제국의 영토를 데칸고원 남부까지 확장했으며 타지마할과 델리 궁전 등의 장려한 건축물을 남겼음_역주이었다. 샤자한은 쉬라지에 관한 이야기를 듣고 그를 황궁으로 초대했다. 쉬라지는 수피Sufi, 이슬람의 신비가. 수피는 일종의 도취상태에서 지상(至上)의 경지를 감득하고 신과 직접 교류함. 수피의 회전명상(Whirling)은 구제프와 오쇼를 통해 서양과 전 세계에 알려졌음_역주의 신비가였다.

샤자한이 그에게 물었다.

"그대는 상대의 얼굴을 보지 않은 채, 손만 만져봄으로써 상대의 전신을 정확하게 조각해낸다고 들었다. 맞는가?"

쉬라지가 이렇게 대답했다.

"저에게 기회를 주십시오. 스물다섯 명의 미인을 뽑아서 휘장 뒤에 놓고 손만 휘장 밖으로 내밀게 해주십시오. 그러면 제가 미인들의 손을 만져보고 한 사람을 선택하겠습니다. 그런데, 한 가지 조건이 있습니다. 제가 누구를 선택해서 조각을 만들더라도, 저의 조각이 상대를 정확하게 표현해낸다면, 그리고 그 조각상이 폐하의 마음에 든다면 그 여자와의 결혼을 승낙해주십시오. 저는 황궁의 여자와 결혼하고 싶습니다."

샤자한이 조건을 받아들였다.

"좋다!"

그리고 여자 노예들 중에서 미인 스물다섯 명을 선발하여 휘장 뒤에 서 있게 했다. 쉬라지는 여자들의 손을 모두 만져보았지만 마음에 드는 손이 없었다. 그때 마침 샤자한의 딸이 쉬라지를 놀려주기 위해 휘장 뒤에 서 있다가 마지막 여성이 퇴짜를 맞자 자기 손을 내밀었다.

쉬라지가 눈을 감고 그녀의 손을 만지다 뭔가를 느꼈다.

"바로 이 손입니다."

그리고 나서 징표로 샤자한의 딸에게 반지를 끼워주었다.

"제가 성공하면 이 여자와 결혼하겠습니다."

그리고 나서 황제는 휘장 뒤로 가보았다. 쉬라지가 잡고 있는 손의 주인공을 본 황제는 기겁을 했다. 하지만 곧바로 안정을 되찾았다. 그저 손만 만져보고 실물을 그대로 조각해내는 것은 불가능함을 깨달았기 때문이다.

석 달 동안 쉬라지는 작업실로 들어가 밤낮없이 조각을 했다. 그리고 석 달이 지나자 황제와 온 황실 사람들을 불렀다. 황제는 조각을 본 순간 자신의 눈을 믿을 수 없었다. 조각이 너무나 실물 같았다! 쉬라지가 해낸 것이다. 황제는 걸인 같은 조각가에게 공주를 내줄 수 없어서 조각의 흠을 찾고자 했지만 단 하나의 흠도 찾을 수 없었다. 달리 도리가 없었다. 쉬라지에게 약속했기 때문이다.

황제는 심란해했다. 왕비 뭄타즈 마할Mumtaj Mahal 역시 그랬다.

왕비는 걱정하다가 그만 자리에 눕고 말았다. 당시 왕비는 임신을 하고 있었는데 아이를 낳다가 그만 죽고 말았다. 아마 딸 문제로 인해 걱정을 너무 심하게 했던 모양이었다.

황제는 딸을 구하기 위해 고민에 고민을 거듭했다. 결국은 쉬라지를 불러서 그간 일어난 일을 설명했다.

“그건 실수였다. 내 딸이 잘못을 한 게야. 내 처지를 좀 보라. 왕비는 그 일로 죽었다. 걸인과 같은 조각가에게 딸을 주어야 한다는 걱정에 병이 나 죽고 만 것이다. 나도 이 사실을 받아들이기 힘들다.”

쉬라지가 대답했다.

“걱정하실 필요 없습니다. 미리 말씀을 하시지 그랬습니까! 전혀 걱정하실 필요 없습니다. 약속을 지키라고 우기지 않겠습니다. 약속에 대해서는 잊으십시오. 저는 쉬라즈로 돌아가겠습니다.”

그러자 왕이 말했다.

“그건 안 될 말이다. 나는 잊을 수 없다. 나는 분명 약속을 했다. 잠시 기다려라, 생각을 좀 해보겠다.”

이를 딱히 여긴 재상이 황제에게 조언을 했다.

“이렇게 해보십시오. 왕비께서 돌아가셨습니다. 쉬라지는 위대한 예술가입니다. 증명해보였지 않습니까? 그에게 왕비를 추모하는 묘의 모형을 만들게 하십시오. 그래서 세상에서 가장 아름다운 묘를 만들게 하십시오. 만약 쉬라지가 만든 모형에 폐하가 합격점을 줄 수 있으면 공주를 주겠다는 조건을 거십시오. 그런 조건을 내걸 수만 있다면 공주를 주지 않아도 됩니다. 폐하가 쉬라지의 조각에 합격점을 주지 않으면 되니까 말이죠.”

샤자한이 쉬라지에게 재상의 조언을 말했다. 쉬라지는 흔쾌히 조건에 응했다.

그런 뒤 샤자한은 이렇게 생각했다.

‘내 결코 합격점을 주지 않으리라.’

쉬라지는 많은 모형을 만들었고, 정말 아름다운 모형들이었지만 황제는 합격점을 주지 않았다.

“아니다, 아니야!”

그러자 이번에는 재상이 걱정하기 시작했다. 왜냐하면 쉬라지가 만든 모형들은 일생에 볼까말까 하는 그런 작품들이었기 때문이다. 각각의 모형이 너무나 사실적이고 아름다웠다. 거기에 합격점을 주지 않는 것은 결코 공평한 일이 아니었다. 그래서 재상은 이런 소문을 퍼뜨리기 시작했다.

“쉬라지가 선택했던 공주는 병에 걸렸다. 나날이 병이 깊어져 결국은 공주가 죽었다.”

공주가 죽었다는 소문이 떠돌고 있을 때 쉬라지는 마지막 모형을 만들고 있었다. 쉬라지는 공주가 죽었다는 소문을 듣고 가슴이 찢어지는 듯한 고통에 잠겼다. 쉬라지가 마지막 모형을 황제에게 가지고 갔다. 그러자 황제는 마지막 작품에 합격점을 주었다. 공주가 이미 죽었으니 합격점을 준다 해도 아무런 문제가 될 것이 없었던 것이다.

이 마지막 모형이 타지마할이 되었다고 한다. 쉬라지는 수피 신비가였다. 어떻게 얼굴도 보지 않은 채, 손만 만져보고 여인의 전신을 조각해낼 수 있는가? 그는 다른 차원의 경지에서 조각을 했을 것이다. 무심의 차원에서 조각을 했을 것이다. 명상의 경지에서 조각을 했을 것이다. 에너지를 통해 상대를 느낌으로써 전신을 정확하게 묘사해냈을 것이다.

키를리안 사진술Kirlian photograply, 생물 피사체를 전장(電場)에 놓음으로써 그것에서 방사하는 빛과 에너지를 필름에 기록하는 방법_역주은 에너지에도 각각의 모양이 있음을 발견했다. 그래서 우리는 에너지 현상을 보다 더 깊이 이해할 수가 있다. 그대의 생김새는 우발적으로 만들어진 것이 아니다. 그대의 생김새는 그대의 에너지 모양에서 나온 것이다. 그대의 눈도, 머리도, 피부색도 모두 그대의 에너지의 모양에 따라 그렇게 생겨난 것이다.

명상가들은 인간의 에너지 형태에 대해 명상을 해오고 있다. 상대의 에너지 형태를 알면 그의 성격을 모두 알 수 있다. 상대의 외면과 내면 모두를 알 수 있다. 왜냐하면 인간의 모든 것을 만들어내는 것은 다름 아닌 에너지의 형태이기 때문이다. 그대는 에너지의 형태를 통해 과거와 현재와 미래를 알 수 있다. 에너지의 형태를 알 수만 있다면 상대에게 일어난 모든 것을 알 수 있는 열쇠를 쥘 수 있는 것이다.

쉬라지의 예술은 객관예술이었다. 그가 만든 타지마할은 객관예술이었다. 보름밤에 타지마할에서 명상을 하면 그대의 가슴은 새로운 사랑으로 고동칠 것이다. 타지마할에서는 아직도 사랑의 에너지가 흘러나오고 있다. 뭄타즈 마할은 딸에 대한 사랑으로 죽었다. 샤자한은 그 사랑으로 고통을 받았다. 쉬라지는 공주가 사망했다는 소문으로 인해 깊은 상처와 고통, 암울한 미래 속에서 타지마할의 모형을 만들었다. 그가 선택한 여인은 세상을 떠나고 없었다. 이런 크나큰 사랑과 명상 속에서 타지마할은 탄생했다. 타지마할에서는 아직도 사랑의 진동이 울려 퍼진다. 타지마할은 아무데서나 볼 수 있는 그런 건축물이 아니다. 그것은 아주 특별한 건축물이다. 이집트의 피라미드 또한 그렇다. 세상에는 객관예술품들이 많이 있다. 이들은 모두 깨달은 사람에 의해, 위대한 명상가들에 의해 창조된 것들이다. 우파니샤드Upanishad, 브라만교의 성전인 배다(Veda)의 일종. 만유의 근본원리를 탐구하여 대우주의 본체인 브라만(Brahman, 梵)과 개인의 본질인 아트만(Atman, 我)이 일체라고 하는 범아일여(梵我一如)의 관념론적 일원철학을 설파함_역주가 그렇고 불경이 그러하며 예수의 말들 또한 그러하다.

나에게 있어 창조는 명상을 뜻하고 무심을 뜻한다. 이 줌을 명심하라. 명상과 무심 속에서 창조가 이루어질 때 신이 내려오고 사랑이 흐른다. 그리하여 충만한 내면에서 그 무엇이 일어난다. 그것은 바로 축복이다. 그렇지 않은 일상의 예술은 구토에 불과하다.

그대는 그림을 그릴 수도 있고 시를 쓸 수도 있다. 그림을 그리거나 시를 쓰되 테라피로써 하라. 그런 다음 그림이나 시를 불태워라. 그대의 토사물을 전시하지 말라. 그대의 토사물에 관심을 갖는 사람들 또한 그대처럼 병든 사람들이다. 그들 또한 테라피가 필요하다.

나는 객관예술에 전적으로 찬성한다. 나는 명상예술에 전적으로 찬성한다. 나는 신이 내려온 것에 전적으로 찬성한다. 그대는 객관예술 속에서 신의 통로가 될 수 있다.

그대는 이렇게 말하고 있다.

"톨스토이가 붓다가 될 수 없을지 모르지만……."

그렇다고 누구한테서 들었는가? 분명 톨스토이도 붓다가 될 수 있다. 아마 조만간 붓다가 될 것이다.

그대는 이렇게 이어 말하고 있다.

"붓다가『전쟁과 평화』를 쓸 수는 없는 것인가요?"

붓다가 무엇을 했다고 생각하는가? 내가 지금 무엇을 하고 있다고 생각하는가? 크리슈나의 기타Gita, 바가바드 기타. 대서사시 '마하바라따 (Mahabharata)' 가운데 제6권『비스마파르바』의 23-40장에 있는 철학적 · 종교적인 700구(句)의 시. 비슈누의 화신인 크리슈나가 동족상잔의 비극으로 비탄과 절망에 빠진 아르주나에게 인생의 환영과 의무를 가르치는 내용으로 되어 있음_역주를 읽어 보았는가? 그것이 바로『전쟁과 평화』이다! 톨스토이는『전쟁과 평화』,『안나 카레니나』등 수많은 명작들을 저술했다. 그가 톨스토이였기 때문에 그런 명작들을 저술할 수 있었던 게 아니었다. 사실은 그가 톨스토이였음에도 불구하고 그런 명작들을 저술할 수 있었다고 말해야 한다. 도스토옙스키는『백치』,『죄와 벌』,『카라마조프가의 형제들』등 많은 명작을 저술했다. 그가 도스토옙스키였기 때문에 그런 명작들을 저술할 수 있었던 게 아니라 그가 도스토 엡스키였음에도 불구하고 그런 명작들을 저술할 수 있었다. 그의 정 신에서 붓다와 같은 그 무엇이 스며 나왔다. 그의 정신에서 종교적인 그 무엇이 스며 나왔다. 도스토엡스키는 참다운 종교인이었다. 비록 그의 존재 전체는 아니었지만 그의 존재 부분은 참으로 종교적이었 다. 그래서 『카라마조프가의 형제들』이 그토록 아름다운 것이다. 이 소설은 범인에게서 나온 게 아니다. 이 소설은 신성에서 나온 것이다. 신이 도스토엡스키를 통해 표현한 것이다. 그렇다고 도스토엡스키가 완벽한 신의 통로였다고는 할 수 없다. 소설의 많은 부분들이 그의 마 음에서 나왔기 때문이다. 그렇다 해도 『카라마조프가의 형제들』은 대 단히 아름답다. 도스토엡스키만 아니었다면, 기억이나 에고, 병적인 요소만 없었더라면 『카라마조프가의 형제들』은 새로운 성경이 될 수 있었다. 이 소설은 우파니샤드나 산상수훈, 금강경 등과 같은 위치에 있다. 도스토엡스키에게는 그런 자질이 있었다!

산후 우울증

제가 책을 쓸 때는 기운과 기쁨이 넘쳐흐릅니다. 그러나 책을 완성했을 때는 거의 살고 싶은 미음이 없을 만큼 기운이 빠지고 내면이 공허합니다. 이제 다시 다른 책을 쓰려고 합니다. 다시 책을 쓰는 기쁨을 체험하겠지만, 명상을 하면 다시 몇 달 후에 올 공허감이 밀려옵니다.

이 질문은 소설가가 한 것이다. 나는 그녀의 소설을 대부분 읽어보았는데, 참으로 아름다웠다. 그녀는 소설을 어떻게 써야 하는지를 알고 소설을 쓰는 듯했다. 아름다운 이야기를 어떻게 읽어서, 어떻게 전달해야 하는지를 알고 있는 듯했다. 작품을 완성한 뒤에 찾아오는 공허감은 비단 그녀뿐 아니라 창작활동을 하는 사람들이 모두 겪는 것이다. 그렇다 해도 그대의 판단은 잘못된 것이다. 그대는 너무나 많은 것을 자신의 그릇된 판단에 의존하고 있다.

여성은 아기를 임신하면 충만함을 느낀다. 하지만 아기를 출산한 뒤에는 공허감을 느껴야 한다. 그래서 자신의 자궁 속에서 고동치는 생명을 다시 원한다. 아기가 세상 밖으로 나오면 아기 엄마는 당분간 공허감을 느낄 수밖에 없다. 엄마는 아기를 사랑하고 보살피면서 그 공허감을 서서히 잊어간다. 하지만 예술가의 사정은 엄마의 그것과 같지 못하다. 그대는 그림을 그리거나 시를 쓰거나 소설을 집필하다가 이를 완성하면 깊은 공허감으로 시달린다. 완성된 책으로 무엇을 할 수 있겠는가? 그래서 예술가의 사정은 아기 엄마보다 훨씬 힘들다. 책을 완성한 뒤에는 아기처럼 어루만지고 돌볼 수 없기 때문이다. 책은 아기처럼 자라지도 않는다. 책은 완전히 자란 상태에서 나올 뿐이다. 그림이 완성되면 그것으로 끝이다. 그러면 화가는 깊은 공허감으로 시달린다. 그러나 우리는 이 공허감을 깊이 들여다볼 수 있어야 한다. 작품이 완성되었을 때 "나는 탈진했다."고 말하기보다는 "나는 유희를 즐겼다."고 말하라. 공허하다고 말하지 말라. 공허함 속에도 충만함이 깃들어 있음을 아는가? 그대는 자신의 상태를 그릇된 시각에서 보고 있다.

그대가 밖에서 방 안으로 들어올 때를 곰곰이 생각해보자. 방으로 들어오면 바닥의 가구와 벽에 걸린 그림을 비롯하여 여러 가지가 보인다. 이번에는 방 안에 있는 물건들을 모두 치운 다음, 다시 밖에서 방으로 들어오라. 어떻게 느껴지는가? 그대는 이 방을 공허한 방이라고 하겠는가, 아니면 충만한 방이라고 하겠는가? 사실 물건들을 치우면 방은 충만해진다. 물건들이 있으면 방은 충만할 수 없다. 물건들 때문에 여기저기 빈 구석들이 보이기 때문이다. 하지만 물건들이 없으면 방은 충만한 공간이 된다. 공허는 전체가 된다.

그대는 이를 양쪽에서 볼 수 있다. 그대가 물건들만 보면, 방 안에 있는 테이블과 소파 등만 보고 방의 공간을 보지 못하면 물건들을 치울 때 방은 공허하게 보인다. 그대가 깨달으면, 공허를 직시하면 크나큰 자유가 보인다. 방 안에 있는 물건들 때문에 전에는 느낄 수 없었던 자유를 볼 수 있다. 방 안에 물건들이 많으면 그대는 자유롭게 움직일 수 없다. 방 안을 계속해서 물건들로 채워보라. 그러면 전혀 움직일 수 없는 때가 올 것이다.

한번은 내가 아주 부유한 사람의 집에서 머물렀을 때의 일이다. 그 사람은 매우 부유했지만 별로 재미가 없는 사람이었다. 그 집에는 물건들이 너무 많아서 거의 집이라고 할 수 없는 형편이었다. 집 안은 값비싼 골동품들이 너무 많아서 움직이는 데 여간 신경 쓰이는 게 아니었다. 집주인도 조심조심 움직이곤 했다. 하인들도 항상 조심하는 눈치였다. 나는 가장 좋은 방에서 묵었다.

내가 그에게 말했다.

"이건 방이 아니라 박물관이오. 내가 좀 편하게 움직일 수 있는 방을 주시오. 이건 진짜 방이 아니오. 방은 온데간데없고 물건들만 있지 않소."

방이란 그대가 자유롭게 움직일 수 있는 공간이어야 한다. 그대는 일을 할 때나 창작을 할 때 마음이 온갖 것들로 가득 차 있다. 소설을 쓰는 마음에도 온갖 것들이 가득하다. 시를 쓰는 마음에도 온갖 것들이 가득하다. 물건들이 너무 많은 것이다. 수많은 생각과 느낌, 감정 등이 너무 많은 것이다. 그런 상태에서 책을 완성한다. 책이 완성되면 갑자기 물건들이 사라진다. 그리고 공허하게 느낀다. 하지만 우울해할 필요 없다. 상황을 바르게 보라. 붓다는 바르게 보는 일을 정견 正見이라 했다. 바르게 보면 가득 찬 마음으로부터 자유로울 수 있다. 다시 깨끗하게 비울 수 있다. 그러면 소설의 등장인물들이 더 이상 머릿속에서 돌아다니지 않을 것이다. 다시 말해 객들은 모두 나가고 주인이 홀로 편안해할 수 있다. 이 모두를 즐겨라! 그대가 공허하고 두렵게 느끼는 것은 그릇된 시각과 그 판단 때문이다. 우울하할 필요 없다. 그 모두를 즐기기만 하라! 손님이 오니까 기쁘고 손님이 가니까 더 기쁘지 않은가? 이것은 손님이 떠나니 자신만의 공간이 더욱 충만해지기 때문이다.

소설을 쓰는 일은 참으로 힘든 작업이다. 소설을 쓰려면 그대는 수많은 등장인물을 손님으로 받아들여야 한다. 각각의 손님들은 모두 제멋대로 움직인다. 등장인물이 작가의 말을 듣지 않을 때도 있다. 때로 등장인물이 작가에게 이런저런 방향을 강요하기도 한다. 소설의 시작은 작가가 하지만 소설의 끝은 등장인물이 맺는 것이다.

이것은 마치 아이를 낳는 것과 같다. 그대가 아이를 낳으면 아이는 제멋대로 움직인다. 어머니는 의사가 되길 원하지만 아이는 부랑자가 될 수도 있다. 아무리 갖은 애를 써도 아이는 어머니의 말을 듣지 않고 부랑자가 되고 만다.

소설을 쓸 때도 이런 일이 일어난다. 그대가 어떤 등장인물을 성자로 만들고 싶어 하나 결국은 죄인이 되고 만다. 그렇다. 아이를 키우는 어머니나 소설을 쓰는 작가의 상황은 똑같다. 어머니는 아이를 걱정하고 소설가는 등장인물로 고심한다. 소설가는 한 인물을 성자로 만들려고 애쓰지만 결국은 죄인으로 전락한다. 어쩔 도리가 없이 말이다. 등장인물이 제멋대로 움직이는 것처럼 말이다. 소설은 결국 소설가의 허구일 수밖에 없지만 이야기의 흐름을 따라가다 보면 등장인물들이 살아서 자기 마음대로 움직인다. 하지만 그대는 마음속에 있는 이야기들을 풀어내지 않으면 편히 쉬지 못한다. 마음속에서 책이 하나 떠오르면 써야 하는 것이다. 그것은 일종의 카타르시스요 마음의 무게를 덜어내는 것이다.

그래서 창조적인 사람들은 많이 미친다. 평범한 사람이 미치는 법은 없다. 평범한 사람에게는 미칠거리가 없다. 그의 삶에는 그를 미치게 만드는 것이 없는 것이다. 대부분의 창조가들이 미친다. 고흐도 미쳤고 니진스키도 미쳤으며 니체도 미쳤다. 왜 그들은 미칠 수밖에 없는가? 왜냐하면 그들의 마음속에는 너무나 많은 것들이 돌아다니기 때문이다. 그들의 마음속에는 자신만을 위한 공간이 존재하지 않는다. 그들의 마음속에는 수많은 사람들이 들락날락한다. 이것은 도로에 수많은 자동차들이 뒤엉켜 있는 것과 같다. 예술가들의 삶은 이와 같다.

그대가 아이를 낳거나 책을 완성했을 때는 기뻐하라! 이 점을 명심하라. 그 상황을 즐겨라. 조만간 새로운 책에 대한 구상이 떠오를 것이다. 나무에서 낙엽이 떨어지고 꽃이 떨어지듯이, 마치 그와 같이 시가 시인에게서 떨어지고 소설이 소설가에게서 떨어지며 그림이 화가에게서 떨어지고 노래가 가수에게서 떨어져 나간다. 이것은 아주 자연스런 현상이다.

때로 나무는 모든 잎들을 떨구고 벌거벗은 채로 서 있기도 한다. 즐겨라! 이를 공허함이라 하지 말고 새로운 형태의 충만함으로 받아들여라. 그대 자신을 충만하게 하라. 그대를 방해하는 사람은 세상에 아무도 없다. 그러므로 그대 자신과 더불어 편히 쉬라. 예술가들에게는 그런 휴식이 필요하다. 이것은 모두 자연스런 흐름이다. 어머니의 몸도 휴식이 필요하다. 한 아이를 낳고 바로 임신을 하고 또 낳고, 동양에서는 이런 식이었다. 인도에서는 아직도 이런 일이 계속되고 있다. 인도 여자는 서른 살만 되면 할머니가 되어버린다. 혼자만의 시간도, 충분한 휴식 기간도 없이 계속해서 아이들을 낳아 키우기 때문이다. 그렇게 하면 서른 살만 되어도 여자는 청춘과 아름다움을 모두 잃고 만다. 다음 아이를 낳으려면 엄마에게는 충분한 휴식 기간이 필요하다. 그대에게도 휴식 기간이 필요하다. 사자가 다음 새끼를 낳는 데는 상당히 긴 휴식 기간이 필요하다. 사자는 한 번에 한 마리만을 낳는다. 자신의 모든 에너지를 새끼 하나에 쏟아 붓기 때문이다. 사람도 다음 아이를 낳기 위해서는 충분한 휴식 기간을 통해 생명력과 에너지를 비축해야만 한다. 그대도 하나의 작품을 탄생시키려면 에너지를 재충전해야 한다.

그대가 진정으로 위대한 작품을 완성하면 거기에서 오는 공허감은 더욱 깊을 수밖에 없다. 하지만 출판사와 접촉하기 위해, 돈을 위해 삼류 작품을 썼다면 거기에서 오는 공허감은 그리 깊지 않다. 어떤 경우는 공허감을 거의 느끼지 않을 수도 있다. 창작의 심도가 깊을수록 창작 이후에 느끼는 공허감은 크다. 태풍이 거셀수록 태풍이 지나간 뒤의 적막은 깊다. 오는 그대로 즐겨라. 태풍도 좋다, 즐겨라! 그 뒤에 오는 적막도 좋다. 즐겨라! 활동적인 낮도 아름답다. 고요하고 비활동적인 밤 또한 아름답다. 밤에 우리는 잠을 잔다. 다음 날 아침이 되면 활기찬 하루를 시작한다.

밤을 두려워하지 말라. 많은 사람들이 밤을 두려워한다. 나는 어떤 산야신Sannyasin, 전통적인 의미로는 '출가자'를 뜻하지만, 여기서는 오쇼의 제자를 가리킴_역주에게 '니샤Nisha'라는 이름을 준 적이 있다. 니샤의 뜻은 밤이다. 니샤는 거듭해서 나를 찾아와 이름을 바꿔달라고 요청했다. 내가 왜 그런지 묻자 그녀는 이렇게 대답했다.

“저는 밤이 무서워요. 왜 많은 이름들 중에서 하필이면 니샤예요?
바꿔주세요.”

하지만 나는 그녀의 이름을 바꿔주지 않았다. 나는 일부러 그녀에
게 니샤라는 이름을 주었기 때문이다. 그녀는 어둠과 수동성, 이완,
내맡김을 두려워하고 있었던 것이다. 니샤, 즉 밤은 어둠과 수동성을
의미한다. 우리는 밤을 기꺼이 받아들여야만 한다. 그래야 비로소 전
체적으로 충만한 존재가 될 수 있다.

그러므로 공허를 잘못 받아들이지 말라. 텅 비어 있는 것은 아름답
다. 창조의 낮보다 아름답다. 왜냐하면 창조는 텅 빔 속에서 나오기
때문이다. 창조의 꽃도 텅 빔 속에서 나오기 때문이다. 이 공허, 이 텅
빔을 즐겨라. 그 속에서 축복과 지복을 찾아라. 텅 빔을 받아들여라.
축복으로 받아들여라. 그러면 창조도 텅 빔 속에서 나오며 위대한 책
도 텅 빔 속에서 태어남을 깨달을 것이다. 따라서 공허감을 두려워하
지 말라. 두려워할 필요 없다. 공허는 원래 아름다운 것인데 그대가
잘못 바라보고 있는 것이다.

인간은 말 속에서 산다. 어떤 대상에 그릇된 이름을 붙여 놓고 인
간은 그 대상을 두려워한다. 정확하게 보라. 항상 자신이 말하는 것에
대해 깨어 있으라. 말은 단순한 말이 아니라 그대의 존재와 깊은 관련
을 맺고 있다. 창조 뒤에 오는 느낌에 ‘공허감’이라는 딱지를 붙이면
그대는 느낌 자체가 아니라 말을 두려워할 것이다.

인도에서는 그 느낌을 공허라고 하지 않고 ‘슈냐Shunya, 空’라고

한다. 슈냐라는 말은 긍정적이다. 거기에는 어떤 부정성도 없다. 이것은 참으로 아름다운 말이다. 이것은 어떠한 경계도 없는 공간이라는 뜻이다. 그래서 인도에서는 궁극의 목표를 슈냐라 했다. 붓다는 이렇게 말한다.

"슈냐가 될 때, 완전한 무無가 될 때 그대는 궁극에 도달한다."

시인도, 예술가도, 화가도 신비가의 길로 가고 있다. 모든 예술 활동은 종교의 길로 가고 있다. 그대는 시를 쓰고 활동을 할 때 마음 안에 있다. 시가 태어나면 지친 마음은 휴식을 취한다. 바로 이 순간을 자신의 존재 속으로 들어가는 기회로 삼아라. 이를 공허라 부르지 말라. 이를 전체성이라 부르라. 존재라 부르고 진리라 부르며 신이라 부르라. 그럴 때 그대는 그 속에서 축복을 일궈낼 수 있다.

창조와 이종 교배

저는 서양의 고전음악 교육을 받았습니다. 때로는 예술과 그 표현에 대한 열정이 일어납니다. 하지만 제가 받은 교육이 자연스런 창조성을 구속하는 것을 종종 느낍니다. 그리고 요즈음 밤늦게까지 연습을 하는 게 대단히 어렵게 느껴집니다. 지금은 진정한 예술이란 무엇이며 어떻게 창작하고 전달해야 하는지에 대한 확신이 서지 않습니다. 어떻게 하면 제 안에 있는 예술성을 발견할 수 있습니까?

그대는 먼저 교육을 받고 다음에는 그 교육을 잊어버려야 한다. 이것이 예술의 패러독스이다. 자신이 원하는 예술의 기본과 이론을 알지 못하면 깊이 들어갈 수 없다. 하지만 평생 테크닉만 배우고 연습하면 그대는 기교적으로 뛰어난 테크니션이 될지는 모르지만 진정한 예술가는 될 수 없다.

선에서는 이렇게 말한다.

"화가가 되고 싶다면 12년 동안 그림 그리는 법을 배우고, 다음 12년 동안 그림에 대해 완전히 잊으라."

완전히 잊어버려라. 테크닉은 그대의 존재와 아무런 관련이 없다. 12년 동안은 물을 긷고 나무를 패고 명상을 하라. 어떤 일을 해도 좋다. 하지만 그림은 그리지 말라.

그렇게 하면 어느 날 제대로 된 그림을 그릴 수 있을 것이다. 선에서는 모두 24년을 배운다. 처음 12년은 테크닉을 배우는 시간, 다음 12년은 배운 테크닉을 잊는 시간. 그런 다음에야 그림을 그릴 수 있다. 그제야 비로소 테크닉에 사로잡히지 않고 테크닉을 부릴 수 있다. 그때 테크닉은 뼈가 되고 살이 되고 골수가 된다. 그래서 무위의 그림을 그릴 수 있다. 이제 거칠 것이 아무것도 없다. 이것은 나 자신의 체험이다.

그러므로 이제는 연습을 하지 말라. 고전음악에 대해서는 모두 잊어버려라. 고전음악 대신 다른 일을 하라. 원예나 조각, 그림 등을 해보라. 하지만 고전음악에 대해서는 완전히 잊어버려라. 전혀 존재하지 않는 것처럼, 그렇게 몇 년 동안 테크닉이 자신의 존재 속으로 파고들게 하라. 그렇게 할 때 테크닉은 더 이상 테크닉이 아니다. 그리고 어느 날 연주를 하고자 하는 열망이 솟구쳐 오르면 연주를 시작하

라. 그때는 테크닉에 대해 모두 잊어라. 그렇지 않으면 그대의 음악은 자연스럽게 흘러나오지 않을 것이다.

혁신적인 연주가가 돼라. 창조는 그렇게 하는 것이다. 항상 새로운 길, 새로운 방법을 모색하라. 이전에 누구도 시도해보지 않은 것을 시도해보라. 다른 분야의 교육을 받은 사람이 연주를 할 때 위대한 창조가 일어날 수 있다.

예를 들어 수학가가 연주를 하면 새로운 음악을 창조할 수 있다. 이와 같이 음악가가 수학을 하면 새로운 수학을 창조할 수 있다. 위대한 창조는 항상 이쪽 분야의 사람이 저쪽 분야의 예술을 시도할 때 일어난다. 이것은 마치 이종 교배와 같다. 서로 다른 인종끼리 결혼해서 아이를 낳으면 그 아이는 훨씬 더 건강하고 아름다운 법이다.

그래서 어느 나라를 막론하고 근친결혼을 철저하게 금하고 있다. 거기에는 이유가 있다. 결혼은 혈연관계가 멀수록 좋기 때문이다. 이와 같이 서로 다른 인종이 결혼을 하면 훨씬 더 좋다. 미라의 언젠가 생명체가 사는 별을 발견한다면 지구인과 그 별의 외계인과 이종 교배를 하는 것이 좋을 것이다! 그렇게 하면 전혀 새로운 인간이 태어날 수 있다.

남매간의 결혼을 터부시하거나 금지하는 데는 다 이유가 있는 것이다. 하지만 우리는 이 이론을 논리적으로 발전시키지 못했다. 이를 논리적으로 밀고 나아가면 '인도인은 인도인과 결혼해서는 안 되며 독일인은 독일인과 결혼해서는 안 된다.'는 결론에 도달할 수도 있다.

이런 논리에 따르면 가장 이상적인 결혼 방법은 '독일인은 인도인과 결혼하고, 인도인은 일본인과 결혼하고, 일본인은 아프리카인과 결혼하고, 아프리카인은 아메리카인과 결혼하고, 유대인은 기독교인과 결혼하고, 기독교인은 힌두교인과 결혼하고, 힌두교인은 이슬람교인과 결혼하는 것'이다. 이것이 가장 이상적인 방법이 될 것이다. 이렇게 하면 우리는 인류의 의식을 보다 쉽게 끌어올릴 수 있다. 모든 면에서 더 살아 있고, 더 깨어 있으며, 더 풍요로운 아이들을 탄생시킬 수 있다.

얼굴이 잘생긴 청년인 촌시가 어머니와 터놓고 이야기를 하고 있었다.

"어머니, 이제 때가 된 것 같습니다. 진짜로요. 제가 사귀고 있는 마이런과의 관계에 대해 터놓고 이야기할 때가 된 것 같아요. 솔직히 말씀드리자면 우리 관계는, 그러니까 점잖게 말하자면, 아름답고 훌륭하고 성스러운 관계로 꽃피어나고 있습니다. 어머니, 나도 마이런을 사랑하고 마이런도 저를 무척이나 사랑해요. 사실이에요. 그러니 가능하면 빨리 결혼하고 싶습니다. 우리 둘은 어머니의 허락이 떨어지기만을 고대하고 있어요."

이 말을 들은 어머니는 촌시를 야단쳤다.

"하지만 촌시야, 네가 지금 무슨 말을 하고 있는지 알기나 하니? 내가 그런 결혼을 승낙할 거라고 생각했니? 사람들이 뭐라고 말하겠니? 내 친구와 이웃들이 뭐라고 생각을 하겠니?”

“알아요, 어머니. 물론 엄청 힘드시겠죠, 저 역시 피부로 느끼고 있습니다. 우리는 친구 같은 모자지간이었잖아요. 그래서 항상 어머니 말을 따랐는데…….”

“하지만 이건 말도 안 되는 거야!”

“좋아요, 어머니. 까놓고 말해 봐요. 제가 마이런과 남자 대 남자로 결혼하는 것을 반대하는 정확한 이유가 뭐예요?”

“걔는 유대인이지 않니?”

우리는 서로를 미워한다. 우리는 아주 오랜 세월 동안 서로를 미워하도록 조건화되었기 때문이다. 그래서 우리가 같은 인간이고 같은 지구에서 살고 있는 존재임을 완전히 잊어버렸다.

남자와 여자의 혈통이 멀수록 결혼의 결과는 좋다. 음악이나 미술, 수학, 물리, 화학 등도 이와 같다. 이종교배, 한 분야의 사람이 다른 분야로 가서 창조활동을 하면 그는 이전 분야의 장점들을 새로운 분야에 접목시킬 수 있다. 새로운 분야로 옮겨가서 활동을 하면 이전 분야는 자연히 잊을 수밖에 없다. 하지만 이전 분야는 그의 피와 살이 되어 작용할 것이다. 예를 들어 그대가 음악에서 물리 분야로 옮겨갔다고 하자. 그러면 그대는 머지않아 음악의 빛과 색채와 향기를 딴 물리 이론을 발견할 수 있다. 음악과 물리가 하나로 만나는 것이다. 그때 그대는 세상이 하나로 연결되어 있음을, 카오스(혼돈)가 아니라 코스

모스(질서)임을 깨달을 것이다. 혹 더 깊은 물리의 영역 속으로 들어가 존재계는 하나의 오케스트라임을 발견할 수도 있을 것이다. 이것은 음악만을 아는 사람에게는 전혀 이해될 수 없는 성질의 것이다. 마찬가지로 무용가가 음악을 한다면 뭔가 새로운 음악을 창조해낼 수 있다.

나는 사람들이 서로 다른 장르와 분야를 넘나들 수 있기를 바란다. 그대가 한 분야에 완전히 익숙해졌을 때, 테크닉의 한계를 벗어나지 못할 때 분야를 바꿔보라. 계속 새로운 분야를 탐색해보는 것은 좋은 일이다. 그런 과정을 통해 그대는 창조의 깊이를 심화시킬 수 있다.

그대가 참다운 창조를 하더라도 세간의 주목을 받지 못할 수 있다. 이 점을 잘 이해하라. 참으로 창조적인 사람은 세간에 이름이 알려지는 데까지 많은 시간이 걸린다. 그는 새로운 가치, 새로운 기준을 창조하기 때문이다. 창조적인 사람은 최소한도 50년은 기다릴 수 있어야 한다. 어쩌면 50년 안에 그는 죽을 수도 있다. 보통 사람들은 창조적인 사람이 죽고 한참이 지나서야 그의 가치를 알아보기 시작한다. 그대는 명성을 원하는가? 그럼 창조 따위는 잊어버려라! 창조 따위는 잊어버리고 연습을 거듭하여 테크닉을 완벽하게 갈고 닦으라. 그렇게 하면 세상에서 이름을 얻고 많은 사람들이 그대를 알아줄 것이다.

새로운 것을 창조하는 사람은 언제나 거부당하기 마련이다. 세상은 새로운 것을 창조하는 사람을 용서하지 못한다. 그래서 세상은 항상 창조적인 사람에게 가혹한 형벌을 내린다. 이 점을 명심하라. 세상은 비창조적인 기술자들을 알아준다. 기술적으로 완벽한 사람을 알아준다. 기술적으로 완벽하다함은 과거를 완벽하게 재현한다는 말이다. 모든 사람들이 과거를 이해한다. 모든 사람들이 과거를 이해할 수 있도록 교육받는다. 새로운 것을 창조하는 사람은 아무도 알아주지 않는다. 그것은 항상 너무 새로워서 그것을 평가할 수 있는 기준이 존재하지 않기 때문이다. 보통 사람이 새로운 것을 이해할 수 있는 방법은 존재하지 않는다. 보통 사람들이 창조적인 사람을 알아보기까지는 대략 50년이 걸린다. 그 기간 안에 예술가는 죽게 마련이다.

고흐는 살아생전에 인정을 받지 못했다. 단 한 점의 그림도 팔 수 없었다. 하지만 지금 고흐의 그림이라고 하면 수백만 달러를 호가한다. 고흐는 지인들에게 그림을 선물하려고 했지만 기꺼이 받아 주는 사람이 없었다. 아무도 자신의 집에 고흐의 그림을 걸려고 하지 않았다. 사람들은 타인이 어떻게 생각할까 봐 걱정했던 것이다.

"당신은 정신이 어떻게 된 것 아닙니까? 이게 도대체 무슨 해괴망측한 그림입니까?"

고흐에게는 자신만의 세계가 있었다. 그는 새로운 비전을 열어보였다. 그렇게 하기까지는 많은 세월이 걸렸다. 서서히 사람들은 고흐의 그림 세계를 이해하기 시작했다. 대중은 그 인식이 더디고 둔감하다. 항상 시대에 뒤진다. 창조적인 사람은 항상 시대를 앞서간다. 그래서 군중과 창조적인 사람 사이에는 커다란 간격이 존재하는 것이다.

그러므로 진정으로 창조적인 사람이 되고 싶다면 명성을 포기하는 게 좋다. 진정으로 창조적인 사람이 되고 싶다면 예술을 위한 예술을 깨달아야한다. 자신이 하는 것을 즐겨라. 몇몇 친구가 그대의 예술을 이해해준다면 좋은 일이다. 아무도 이해해주지 않는다면 그것 역시 좋은 일이다! 즐겨라. 그대가 즐길 수 있다면 그것으로 족하다. 그대가 만족할 수 있다면 그것으로 족하다.

그대는 이렇게 묻고 있다.

"진정한 예술이란 무엇이며 어떻게 창작하고 전달해야 하는지에 대한 확신이 서지 않습니다."

고요와 기쁨을 누릴 수 있는 예술이 참된 예술이다. 찬미의 기쁨을 누릴 수 있는 예술이 참된 예술이다. 그대가 춤출 수 있는 예술이 참된 예술이다. 그대가 홀로 하든, 아니면 다른 사람과 같이 하든 그것은 문제가 아니다. 그대를 신과 이어 주는 예술, 그것이 참된 예술이다. 그대가 명상할 수 있는 예술, 그것이 참된 예술이다. 그대가 몰입할 수 있는 예술, 철저히 몰입해서 에고가 사라지는 예술, 그것이 참된 예술이다.

그러므로 어떤 것이 참된 예술이냐에 신경쓸 필요는 없다. 그대가 기뻐할 수 있는 예술, 그대가 사라지는 체험을 할 수 있는 예술, 기쁨과 평화 속으로 녹아들 수 있는 예술, 그것이 진정 참된 예술이다. 비평가들이 하는 말에 신경쓰지 말라. 그들은 예술에 대해 아무것도 모른다. 사실, 예술가가 될 수 없는 사람들이 비평가가 된다. 마라톤을 할 수 없는 사람들, 올림픽 선수가 될 수 없는 사람들이 길가에 서서 선수들을 손가락질한다. 그런 것은 누구나 할 수 있다. 길가에 서서 손가락질하는 것, 이것이 비평가가 하는 일이다. 참여의 능력도, 창조의 재주도 없는 사람이 비평가가 되는 것이다.

그림 그리는 일을 무척이나 사랑했던 수피 신비주의자가 있다. 당대 모든 비평가들이 이 신비가의 그림을 비판했다. 모든 티평가들이 그를 찾아와 "이것이 잘못되었습니다, 저것이 틀렸습니다."라고 비판했다.

어느 날 비평가들의 비판에 신물이 난 수피 신비가는 집 앞에서 자신이 그린 그림 모두를 걸어놓았다. 그리고 자신의 그림을 고쳐보라고 비평가들을 초청했다. 이제 수많은 비판의 화살을 쏟아부은 비평가들이 비판을 실천할 때가 온 것이다. 하지만 단 한 사람도 나타나지 않았다. 비판하기는 쉽지만 자신이 직접 하기란 힘든 일이다. 이후 비평가들은 수피 신비가를 더 이상 비판하지 못했다고 한다.

창작을 하지 못하는 사람들이 비평가가 된다. 그러므로 비평가의 비판을 신경쓰지 말라. 중요한 것은 그대의 느낌과 열정이다. 음악을 만드는 일이 열정을 불러일으켜 기쁨이 되고 에고가 사라진다면 그것은 신과 그대를 이어 주는 예술이 될 수 있다. 예술은 가장 심오한 기도가 될 수 있으며 가장 깊은 명상이 될 수 있다. 음악이든 그림이든 조각이든, 그대의 존재를 휘어잡을 수 있는 예술은 참된 기도가 되

고 참된 명상이 될 수 있다. 그런 예술은 그대를 서서히 신으로 인도
할 것이다. 그대를 신으로 인도하는 예술, 그것이 참된 예술이요 진정
한 예술이다.

돈의 예술

대단히 의미 있는 질문이다.

모든 종교는 돈을 비난한다. 왜 그런 줄 아는가? 돈이면 모든 것이
가능하기 때문이다. 돈만 있으면 필요한 것을 모두 얻을 수 있다. 사
랑이나 자비, 깨달음, 해탈 등의 정신적인 것만 빼놓고 말이다. 이들
몇 가지는 예외다. 이들 몇 가지 예외적인 것들만 빼놓고 그대는 돈으
로 모든 것을 살 수 있다. 그런데 모든 종교는 삶을 미워한다. 그래서

돈도 미워하는 것이다. 이것은 당연한 논리적 귀결이다. 살기 위해서는 돈이 필요한 법이다. 우리가 행복한 생활을 영위하기 위해서는 좋은 음식과 옷, 집, 편리시설들이 필요하다. 행복한 생활을 위해서는 아름다운 문학과 음악, 미술 등이 필요하다. 우리의 삶은 수많은 것들을 필요로 하는 것이다!

고전음악을 이해하지 못하는 사람은 영혼이 빈곤하다. 그의 귀는 막혀있다. 그의 눈과 코 등의 모든 감각이 의학적으로는 정상적이라고 할지 모르지만 정신적으로 그의 귀는 막혀 있다. 정녕 그대는 『미르다드의 서Book of Mirdad』, 레바논 출신의 신비 시인인 미하일 나이미(Mikhal Naimy, 1889~1988)의 대표작으로, 인간에 내재한 신성(神性)과 구원의 문제를 명상적인 언어로 천착한 작품_역주의 아름다움을 이해하는가? 이해하지 못한다면 그대는 눈이 멀었다.

나는 『미르다드의 서』라는 책 이름도 들어보지 못한 사람을 많이 보았다. 내게 인류가 남긴 걸작들을 꼽아보라고 한다면 나는 주저 없이 『미르다드의 서』를 첫째로 꼽을 것이다. 이 책의 아름다움을 알아보기 위해서는 많은 명상이 필요하다.

고전음악을 이해하기 위해서는 상당한 배움이 필요하다. 굶주림과 가난을 감수해야 하고, 온갖 편견으로부터 자유로워야 한다. 예를 들어 이슬람에서는 음악을 금지하고 있다. 이슬람의 금지행위는 사람들로부터 소중한 체험의 기회를 앗아가는 짓이다.

무갈시대의 델리에서 한번은 이런 일이 일어난 적이 있다. 무갈의 강력한 황제였던 아우랑제브Aurangzeb가 권좌에 앉아 있을 때였다. 그는 강력한 제국을 건설했을 뿐 아니라 철권으로 백성을 탄압하기도 했다. 아우랑제브 시대 전까지만 해도 이슬람 황제들은 음악이 이슬람에 반하는 것이라고 말만 할 뿐이었다. 당시 델리는 음악가들로 넘쳐나고 있었다. 하지만 아우랑제브는 점잖은 황제가 아니었다. 그는 "델리에서 어떤 음악소리라도 들린다면 그 자리에서 참수하겠다."고 선포했다. 델리는 아주 오랫동안 인도의 수도 역할을 했기 때문에 당대 모든 문화의 중심지였다. 모든 분야의 천재들이 델리로 모여들었다.

아우랑제브의 선포가 시행되자 음악가들이 한자리에 모여 대책을 의논했다.

"뭔가 조치를 취해야 합니다. 이건 정말 너무합니다! 음악이 이슬람에 반하는 것이라고 말들을 했지만 사실 음악을 하는 테는 지장이 없었지 않습니까? 이건 정말 위험한 발상입니다. 아마 황제는 음악을 하면 진짜로 죽일 것입니다."

그래서 항의를 하기 위해 수천 명의 음악가들이 황궁으로 몰려갔다.

황제가 발코니에 나와 사람들에게 물었다.

"누가 죽었는가?"

사람들은 항의의 표시로 인도식 상여를 메고 갔던 것이다. 송장 대신 베개로 상여를 위장하고서 말이다. 그래서 황제가 누가 죽었느냐고 물었던 것이다.

음악가들이 대답했다.

“음악입니다. 폐하는 음악을 죽였습니다.”

그러자 아우랑제브가 이렇게 대답했다.

“음악이 죽었다니 좋은 일이다. 무덤을 깊게 파서 묻어라. 다시는 무덤에서 나오는 일이 없도록.”

이렇게 수천 명의 사람들이 항의를 하고 눈물도 뿌려보았지만 아우랑제브는 미동도 하지 않았다. 그는 자신이 ‘신성한’ 일을 하고 있다고 믿었던 것이다.

이슬람에서는 음악을 금지한다. 왜 그런 줄 아는가? 본래 동양에서는 아름다운 여인들이 음악을 연주했기 때문이다. ‘기생’이라는 말은 동서양에서 서로 달리 쓰인다. 서양의 기생은 몸 파는 여성을 가리킨다. 하지만 과거의 동양에서는 몸 파는 여성을 가리키지 않았다. 동양의 기생은 몸을 파는 게 아니라 자신의 재능과 예술, 음악과 무용 등을 팔았다.

인도의 왕들은 한결같이 왕위를 승계할 왕자로 하여금 수 년 동안 뛰어난 기생들과 살게 했다. 그래서 예절과 음악, 무용을 배우게 했다. 무릇 왕이 되려면 모든 면에서 뛰어나야 한다고 생각했던 것이다. 인도의 왕자들은 아름다움을 알고 논리를 알며 예절을 알아야 했다. 그것은 아주 오래된 인도의 전통이었다.

그런데 인도에 들어온 이슬람교도들은 이런 전통을 파괴해버렸다. 음악은 이슬람교에 반하는 것이라고 생각했다. 왜 그랬는가? 음악을 배우려면 기생집에 들어가야 했기 때문이다. 보통 기생집에서는 노래와 음악과 춤과 웃음이 넘쳐나기 마련인데, 이슬람은 그렇게 노는 것을 아주 싫어했던 것이다. 그래서 기생집에 출입하는 것을 금지했다. 이제 어떤 이슬람교도도 음악이 울려 퍼지는 집을 출입할 수 없다. 이슬람교도에게 음악을 듣는 일은 하나의 죄악이 된 것이다.

이와 같은 일은 다른 종교들에서도 일어났다. 그들은 인간이 누릴 수 있는 풍요로움을 말살시켰다. 그래서 모든 종교의 근본 가르침은 '돈을 미워하라.'가 되었다.

배면에 숨어 있는 논리가 보이지 않는가? 돈이 없으면 우리는 아무것도 할 수 없다. 모든 종교는 가지를 자르는 대신에 뿌리를 잘라 내버렸다. 돈이 없는 사람은 배고프다. 변변치 않은 옷에 비렁뱅이가 된다. 배고픈 사람에게는 도스토옙스키나 니진스키, 러셀, 아인슈타인이 될 수 있는 여유가 없다. 그것은 불가능하다. 이렇게 모든 종교는 인간을 가장 빈곤한 처지로 전락시켰다. 그들은 돈을 저주하고 가난을 칭송했다. 나는 그들이야말로 가장 큰 범죄자들이라고 생각한다.

예수의 말을 들어보라.

"낙타가 바늘귀는 통과할 수 있어도 부자가 천국의 문을 통과할 수는 없다."

이런 말을 하는 사람이 제정신이라고 생각하는가? 예수는 낙타가 바늘귀를 통과한다는, 절대로 불가능한 가정을 받아들일 수 있어도 부자가 천국에 들어간다는 사실은 도저히 용납할 수 없었다. 부자가 천국에 들어가는 것은 불가능 중의 불가능이라는 것이다.

종교는 돈을 비난하고 부를 비난하고 풍요를 비난한다. 그리고 세상을 두 진영으로 갈라놓는다. 그리하여 빈곤에 허덕이는 98퍼센트의 인류에게는 부자가 들어갈 수 없는 천국을 들어갈 수 있다는 믿음으로 스스로를 위안하며 부유한 2퍼센트에게는 죄의식으로 시달리게 한다.

부자는 죄의식 때문에 자신의 부를 누리지 못한다. 부자이기 때문에 천국에 들어갈 수 없을지도 모를까 봐 두려워한다. 그래서 재산과 천국 사이에서 어정쩡하게 서 있다. 자신이 가진 재산 때문에 죄의식에 시달린다. 이 땅에서 너무 많은 것을 소유했기 때문에 천국에 들어가지 못하고 지옥에 떨어질까 봐 두려워한다.

이런 처지로 인해 부자는 두려움 속에서 산다. 자신이 가진 것을 누리고자 하나 죄의식이 방해를 한다. 부자는 아름다운 여인과 행위를 할 때도 서로의 몸이 부딪칠 뿐, 낙타도 들어가는 천국을 생각한다. 천국의 문 밖에 서서 안으로 들어가지 못하는 자신의 모습을 두려워한다. 이런 상태에서 어떻게 여인과 사랑을 나눌 수 있겠는가? 부자는 진수성찬을 먹을 때도 즐기지 못한다. 그리 길지 않은 인생이 끝나면 어둠뿐이요 지옥불이 기다리고 있음을 생각한다. 이렇게 부자는 근거 없는 공포 속에서 산다.

하지만 가난한 자는 이미 지옥에서 살고 있다. 천국을 위안 삼아 살고 있다. 후진국 사람들이 선진국 사람들보다 행복하다. 놀랍지 않은

가! 나는 인도에서 아무런 불만 없이 사는 극빈층을 많이 보았다. 그러나 잘사는 미국인들은 영적인 가르침을 찾아 세상을 떠돈다. 당연히 그들은 낙타보다 못한 사람이 되고 싶지도, 지옥에 들어가고 싶지도 않은 것이다. 그래서 요가를 찾고 수행을 찾는다.

온 세상은 스스로를 부정하는 상태에 놓였다. 인간은 돈과 부를 통해 얼마든지 풍요로운 존재가 될 수 있다. 그래서 나는 돈과 부를 긍정한다. 돈과 부를 긍정하는 사람은 내가 처음일 것이다.

가난한 사람은 모차르트를 이해하지 못한다. 배고픈 사람은 미켈란젤로를 이해하지 못한다. 비렁뱅이는 고흐의 그림을 쳐다보지도 않는다. 굶주림으로 신음하는 사람에게는 자신의 지성을 개발할 에너지가 없는 것이다. 지성은 그대에게 잉여 에너지가 존재할 때 발달하는 법이지만 가난한 사람은 빵을 벌기 위해 자신의 에너지를 모두 소진한다. 그러니 가난한 자에게는 지성이 있을 수 없으며 『카라마조프가의 형제들』을 이해할 수도 없다. 가난한 자는 어리석은 사제의 말을 추종할 뿐이다.

사제가 하는 말은 신자도 이해하지 못하며 심지어 사제 자신도 이해하지 못한다. 보통 사람들은 6일 동안의 업무에 시달린 나머지 교회에서 잠을 잔다. 신자들이 졸면 사제들은 좋아한다. 새로운 설교를 준비할 필요가 없기 때문이다. 사제는 예전에 했던 설교를 계속해서 재탕한다. 신자는 모두 잠을 잔다. 그리고 아무도 사제의 기만을 눈치채지 못한다.

아름다운 음악이나 위대한 문학, 뛰어난 그림 못지않게 물질적인 풍요도 중요하다. 음악 분야에 타고난 재능을 가진 사람들이 있다. 그는 불과 여덟 살에 훌륭한 음악을 연주하기 시작했다. 모차르트는 음악에 천부적인 재능을 가지고 태어났다. 고흐의 아버지는 탄광에서 일하는 가난뱅이였다. 그래서 고흐는 정규교육을 전혀 받지 못했다. 미술교육하고는 더더욱 거리가 멀었다. 하지만 그는 역사상 어느 누구보다도 뛰어난 화가가 되었다.

며칠 전 나는 고흐의 그림 한 점을 보았다. 화가들조차 그 그림을 보고 비웃었는데 일반 사람들은 말해 무엇하랴! 고흐는 이 그림 속에서 어느 누구도 생각지 못했던 방식으로 별들을 그렸다. 모든 별들이 성운星雲처럼, 움직이는 바퀴처럼 움직이고 있었다. 고흐 이전에는 어느 누구도 그런 식으로 별을 보지 못했다.

다른 화가들은 고흐가 미쳤다고, 그건 별이 아니라고 비난했다. 고흐의 그림에서 더욱이 놀라운 것은 별들 아래의 나무들이 별들보다 높이 솟아오르고 있다는 것이다. 나무들은 별들을 지나서 비상하고 있었다. 누가 그런 나무를 보았는가? 고흐가 미친 것은 아닌가?

이후 고흐의 표현은 물리학자들에 의해 정확한 것임이 입증되었다. 하늘의 별들은 우리 눈에 보이는 것처럼 존재하는 게 아니라 고흐가 표현한 것처럼 존재하는 것이다. 가엾은 고흐! 백 년 후의 물리학자들이 거대한 연구실과 현대기술을 가지고서야 겨우 발견할 수 있었던 것을 그 옛날 고흐는 자신의 눈으로 보았다. 기이하게도 고흐는 육안으로 별의 모습을 정확하게 그려낸 것이다. 별들은 소용돌이친다. 수피의 다르위시Darwish, 이슬람교의 청빈한 신비주의 일파. 12세기 무렵부터 이슬람교가 도시의 하층 서민과 농민들 사이에 급속히 퍼지면서 여러 개의 교단이 조직되었으며 다르위시들은 한 자리에서 장시간 빙빙 도는 회전 명상을 통해 신비 체험을 함_역주처럼 빙빙 돈다. 하늘의 별들은 우리 눈에 보이는 것처럼 한 자리에 정지해 있는 게 아닌 것이다.

사람들은 고흐에게 별보다 크게 자라는 나무들이 어떻게 존재할 수 있냐고 따졌다.

"별들보다 높이 자라는 나무를 대체 어디서 보았소?"

고흐는 이렇게 대답했다.

"나무 옆에 앉아서 나무의 꿈을 듣다가 그런 나무들을 보았습니다. 나무가 내게 '별들에 가 닿는 것은 대지의 꿈이다.'라고 말하는 것을 분명히 들었습니다."

다시 과학자들이 '나무는 대지의 꿈이다.'라는 사실을 발견하는 데 어쩌면 수백 년이 걸릴지 모르겠다. 그러나 한 가지 부인할 수 없는 사실이 있으니, '나무는 인력을 거슬러 위로 상승한다.'는 사실이 그것이다. 대지는 나무가 인력을 거슬러 올라갈 수 있도록 밀어주고 도와준다. 대지는 나무를 통해 별들과 얘기하고 싶어 한다. 대지는 살아 있다. 생명은 언제나 위로 상승한다. 생명의 꿈에는 한계가 없다. 하지만 이런 사실을 가난한 사람들이 어떻게 이해할 수 있겠는가? 그들에게는 그럴 만한 지성이 없다.

　타고난 시인이 있고 타고난 화가가 있는 것처럼 타고난 부자도 있는 법이다. 이 점을 잘 이해하라. 그들은 아직까지 정당한 평가를 받지 못했다. 모든 사람이 헨리 포드가 될 수는 없다.

　포드는 가난한 가정에서 태어났지만 세상에서 가장 부유한 사람이 되었다. 그에게는 돈을 벌고 부를 창출하는 천부적인 능력이 있었다. 이것은 시나 그림, 음악을 창조하는 것보다 훨씬 더 어려운 일이다. 부를 창출하는 일은 결코 쉬운 일이 아니다. 위대한 음악가나 소설가, 시인들처럼 포드도 그러한 존경을 받아 마땅하다. 사실 그는 더 많은 존경을 받아야 한다. 왜냐하면 세상의 많은 음악과 시와 조각은 그가 창출한 부를 통해서 구입할 수 있기 때문이다.

　나는 돈을 존중한다. 돈은 인간의 위대한 발명품이다. 인간에게 돈은 소중한 수단이다. 마구잡이로 돈을 비난하는 것은 어리석은 짓이다. 대부분 돈을 비난하는 사람은 '나는 없고 너는 있기' 때문에 시기를 하는 것이다. 그들이 돈을 비난하는 것은 바로 시기심에서 온다.

　돈은 엄연히 물건을 교환하는 과학적 수단이다. 돈이라는 수단이 발견되기 전에 사람들은 굉장히 어렵게 살았다. 물물교환을 해야 했기 때문이다. 예를 들어 돈이 없는 시대에서 그대가 소를 가지고 있는데 말을 사고 싶다고 하자. 그대가 말을 사기까지는 굉장히 많은 시간이 걸려야 한다. 말을 팔아서 소를 사고 싶은 사람을 찾아야 하기 때문이다. 이것은 보통 어려운 일이 아니다! 설사 말을 가지고 있는 사람을 찾았다 해도 그가 소를 사고 싶어 하지 않을 수 있다. 소를 사고 싶어 하는 사람을 찾았다 해도 그가 말을 가지고 있지 않을 수 있다.

돈이 세상에 나오기 전까지 사람들은 그렇게 어렵게 살았다. 그러니 사람들은 가난하게 살 수밖에 없었다. 제대로 물건을 팔 수도 없고 살 수도 없었기 때문이다. 물건을 사고파는 일은 그렇게 어려웠다. 돈이라는 경제 수단으로 인해 모든 일이 대단히 간편해졌다. 소를 팔고 싶은 사람이, 말을 팔아서 소를 사고 싶은 사람을 찾을 필요가 없어진 것이다. 말을 사고 싶을 때 돈만 가지고 나가면 된다. 굳이 말을 팔아서 소를 사고 싶은 사람을 찾을 필요가 없는 것이다.

돈이 교환수단이 되자 물물교환은 사라졌다. 돈이 인류에게 크나큰 기여를 한 것이다. 돈이라는 수단으로 인해 사고파는 일이 한결 쉬워지자 경제는 비약적으로 발전했다.

더 많은 돈이 유통될수록 그대는 더 많은 돈을 벌 수 있다. 이 점을 잘 이해하라. 예를 들어 내게 1달러가 있다고 해보자. 사실 내게는 단돈 1달러도, 아니 1센트도 없다. 내 옷에는 호주머니조차 없다! 그래서 때때로 돈이 생기면 어디에 넣어두어야 할지 걱정이 되기도 한다.

하여튼 내게 1달러가 있는데 이 돈을 쓰지 않고 보관만 하고 있다고 해보자. 그러면 이 오디토리움Auditorium. 인도의 푸나(puna)에 있는 오쇼 아쉬람에서 오쇼가 본 강의를 진행하던 장소_역주에는 1달러밖에 없을 것이다. 하지만 내가 이 돈을 쓰면 나는 무엇인가 유용한 물건을 구입하고 돈은 다른 사람에게로 넘어간다. 그대는 돈을 먹을 수 없다. 따라서 돈을 보관만 하면 돈을 누릴 수 없다. 가지고 있는 돈은 지출을 할 때라야 누릴 수 있는 것이다. 내가 뭔가를 누리고, 돈은 다른 사람에게로 넘어간다. 나에게서 돈을 받은 사람이 그 돈을 보관하면 2달러가 창출된다. 1달러는 내가 누린 것이요 다른 1달러는 그 돈을 받은 사람의 것이다.

여기 있는 3000명의 사람이 이 1달러를 이 사람에게서 저 사람에게로 유통시키면 3000달러가 소비되게 된다. 이렇게 한 번 돌면 1달러가 3000달러의 가치를 창출한다. 이 1달러가 3000명의 사람에게 여러 번 돈다면 훨씬 더 많은 경제적 가치가 창출될 것이다. 사실은 이 1달러 말고는 다른 돈이 없었지만 말이다. 하지만 같은 1달러가 계속 유통되면 수십 배, 수백 배의 가치를 창출할 것이다.

그래서 우리는 돈을 통화通貨라고 부른다. 돈은 돌고 돌아야 하는 것이다. 나는 돈을 그렇게 본다. 돈을 가지고만 있으면 안 된다. 돈을 벌 때마다 바로바로 써라! 시간을 낭비하지 말라. 돈을 가지고만 있는 것은 돈의 가치가 창출되는 것을 방해하는 것이다.

돈은 위대한 발명품이다. 돈은 사람들을 풍요롭게 해준다. 다른 물건들을 손쉽게 살 수 있게 해준다. 하지만 종교들은 한결같이 돈을 비난했다. 그들은 인류가 풍요로워지기를 바라지 않으며 지성적인 존재가 되기를 바라지 않는다. 모두가 지성적인 사람이 되면 성경이나 경전을 읽지 않을 것이기 때문이다.

종교들은 인간이 지성적인 존재가 되기를 바라지 않으며, 풍요로운 존재가 되기도 바라지 않으며, 기뻐하는 존재가 되기를 바라지도 않는다. 사람들이 가난하고 고통 받으며 어리석어야만 교회와 회당과 신전과 모스크Mosque, 이슬람교 사원_역주의 고객이 되기 때문이다.

나는 어떠한 종교 사원에도 가지 않았다. 무엇을 하러 사원에 간단 말인가? 종교 사원들이 진짜 종교의 맛을 알고 싶다면 그들이 내게 와야 할 것이다. 나는 메카에 가지 않는다. 반대로 메카가 나에게 와야 한다. 나는 예루살렘에 가지 않는다. 나는 미친 사람이 아니다. 우리가 여기에서 기쁨과 웃음과 사랑의 터전을 만들 수 있는데 왜 굳이 예루살렘까지 가야 하는가? 우리는 여기에 새로운 예루살렘을 만들었다.

그대는 돈에 관한 그릇된 편견을 강요받았다. 지금 당장 그 편견을 버려라. 돈을 소중히 생각하라. 부를 창출하라. 부를 창출해야만 다른 차원의 문들이 열린다.

창조

인간에게는 삶의 의미를 창조할 수 있는 자유와 에너지가 있다. 씨앗을 뿌려 수확을 거둘 수 있는 밭이 거기 있다. 모든 것이 거기 있다. 하지만 삶의 의미는 스스로 창조해야 하는 것이다. 그래서 삶의 의미를 창조하는 일은 그토록 커다란 기쁨이요 모험이며 희열인 것이다.

궁극의 창조, 삶의 의미

삶 그 자체로는 아무런 의미가 없다. 대신에 삶은 의미를 창조해낼 수 있는 하나의 기회이다. 의미는 발견하는 것이 아니라 창조하는 것이다. 삶의 의미를 창조해낼 때라야 그대는 삶의 의미를 발견할 수 있다. 삶의 의미는 어디 덤불 뒤에 숨어 있어 덤불을 뒤적이면 찾을 수 있는 것이 아니다. 바닷가에서 조약돌을 찾듯 발견할 수 있는 것이 아니다. 삶의 의미는 창조의 시와 노래와 춤 속에 있다.

삶의 의미는 춤이요 음악이지 돌이 아니다. 그러므로 그대가 창조할 때 그 창조 속에서 의미가 나타나는 법이다. 이를 명심하라. 무수한 사람들이 삶의 의미는 발견하는 것이라고 어리석게 믿는다. 그리고 무의미한 삶을 산다. 삶의 의미는 커튼만 열어젖히면 거기 보이는,

그런 것이 아니다.

붓다가 발견한 삶의 의미는 사실 그가 스스로 창조한 것이다. 이를 유념하라. 내가 발견한 삶의 의미 역시 내 스스로 창조한 것이다. 신은 사물이 아니라 창조이다. 오직 창조하는 사람만이 삶의 의미를 찾을 수 있다. 삶의 의미는 어디에 숨어 있는 보물이 아니다. 삶의 의미란 한 사람이 찾아내면 다른 모든 사람이 이용할 수 있는 성질의 것이 아니란 말이다.

종교의 의미와 과학의 의미의 차이를 아는가? 아인슈타인은 상대성 이론을 발견했다. 그런데 아인슈타인의 발견에 관계없이 상대성 이론을 필요로 하는 사람마다 상대성 이론을 다시 발견해야 한다고 생각하는가? 어느 누구도 그런 어리석은 일을 하지 않는다. 과학의 의미는 한 사람이 발견하면 그것으로 그만이다. 다른 모든 사람은 발견을 이용하기만 하면 된다. 발견에 여러 해가 걸렸을지 모르지만 그 발견을 이해하는 데는 몇 시간이면 충분하다. 우리가 학교에서 배우는 것은 바로 그것이다.

붓다도 무엇인가를 발견했고 자라투스트라Zarathustra, 독일 철학자 프리드리히 니체의 철학적 서사시『자라투스트라는 이렇게 말했다』에 나오는 주인공. 산속에 숨어 살던 자라투스트라는 '신은 죽었다.'는 깨달음을 얻고 산을 내려와 여행하면서 세상에 가르침을 전함_역주도 그 무엇인가를 발견했지만 그들의 발견은 아인슈타인의 발견과 다르다. 아인슈타인의 발견처럼 무턱대고 자라투스트라와 그가 그린 지도를 따라가면 발견하는 그런 것이 아니다. 그렇게 해서는 절대로 찾을 수 없다. 그대 자신이 자라투스트라가 되어야 하는 것이다. 이 차이를 바로 보라!

상대성 이론을 이해하기 위해서 아인슈타인이 될 필요는 없다. 그저 보통의 두뇌만 있으면 된다. 머리가 너무 나쁘지만 않으면 누구나 이해할 수 있다. 그러나 자라투스트라가 발견한 삶의 의미를 이해하려면 그대 자신이 자라투스트라가 되어야만 한다. 그렇지 않고서는 가능하지 않다. 그대는 자라투스트라가 발견한 삶의 의미를 스스로 창조해내야 한다. 모든 개인이 각각 자신의 신과 진리, 삶의 의미를 탄생시켜야 한다. 스스로 삶의 의미를 잉태하여 고통스런 산고를 거쳐 출산을 해야 한다. 그렇게 해야 삶의 의미를 발견할 수 있다.

인간에게는 삶의 의미를 창조할 수 있는 자유와 에너지가 있다. 씨앗을 뿌려 수확을 거둘 수 있는 밭이 거기 있다. 모든 것이 거기 있다. 하지만 삶의 의미는 스스로 창조해야 하는 것이다. 그래서 삶의 의미를 창조하는 일은 그토록 커다란 기쁨이요 모험이며 희열인 것이다.

그러므로 첫째, 종교는 창조적이어야 한다. 지금까지 종교는 대단히 수동적이고 무력했다. 우리는 '창조적인 사람이 종교적인 사람이다.'라고 생각하지 않는다. 단식을 하고 동굴에서 살고 새벽에 일어나 만트라를 염송하는 사람을 우리는 종교적인 사람이라고 생각한다. 이 모두는 어리석은 짓일 뿐이다. 그대는 장기간 단식하는 사람을 칭송한다. 하지만 지나치게 장기간에 걸쳐 단식하는 사람은 자신을 괴롭히는 것을 즐기는 마조히스트Masochist, 이성(異性)으로부터 정신적 육

일 가능성이
많다. 그는 단식을 하면서 추운 겨울날 벌거벗은 채로 고행을 한다.
그리고 그대는 그런 사람을 칭송한다.

거기에 대체 어떤 의미가 있고 어떤 가치가 있는가? 동물들도 추운
겨울날 벌거벗은 채로 산다. 그렇다고 동물이 성자가 될 수 있다고 생
각하는가? 뜨거운 태양 아래서 고행하는 사람을 보면 그대는 그를 대
단한 사람이라고 생각한다.

"보시오, 여기 위대한 고행자가 있소!"

그는 진정 무엇을 하고 있는 것인가? 그렇게 해서 세상에 무슨 기
여를 하는가? 세상에 어떤 아름다움을 선사하는가? 그런 사람이 세
상을 조금이라도 변화시킨 적이 있는가? 좀 더 아름답고 살 만한 세
상을 만드는 데 기여를 한 게 있는가? 없다! 사회는 그에게 그런 고행
을 부탁한 적이 없다.

대신, 이렇게 하라. 노래를 만드는 사람을 칭송하라. 아름다운 조각
을 만드는 사람을 칭송하라. 아름다운 음악을 창조하는 사람을 칭송
하라. 이제부터는 아름다움의 창조를 그대의 종교로 삼으라. 크나큰
사랑을 보여 주는 사람을 칭송하라. 사랑이 바로 종교다. 세상을 좀
더 아름답게 만드는 사람을 칭송하라.

단식을 하고 동굴에 앉아 있고 자신을 고문하고 바늘침대에 누워
있는 것은 잊어버려라. 대신에 아름다운 장미를 키워내는 사람을 칭
송하라. 세상은 그런 사람들에 의해 보다 다채로운 세상이 된다. 우

리는 그런 창조 속에서 삶의 의미를 발견할 수 있다. 삶의 의미는 창조에서 나온다. 그러므로 종교는 좀 더 시적이고 미적인 것이 되어야 한다.

둘째, 사람들은 종종 결론부터 내려놓고 거기에 맞춰 삶의 의미를 찾는 경우가 있다. 결론에 맞춰 삶의 의미를 찾아다니는 것이다. "내가 찾는 삶의 의미는 이런 것이어야 한다. 혹은 저런 것이어야 한다." 이렇게 해서는 결코 삶의 의미를 찾을 수 없다.

탐구는 순수해야 한다. 이것은 무슨 뜻인가? 먼저 결론을 내리지 말고 찾아야 한다는 뜻이다. 어떠한 선입견도 있어서는 안 된다.

그대는 어떤 삶의 의미를 찾고 있는가? 이미 '이러이러한 의미를 찾고 싶다.'는 결론을 내렸다면 결코 삶의 의미를 찾을 수 없다. 시작부터 그대의 탐구는 불순하게 오염되었기 때문이다. 사실 그대는 이미 결정을 내리고 삶의 의미를 추구한다.

예를 들어보자. 어떤 사람이 나의 정원에 와서 '여기서 다이아몬드를 찾을 수 있을까?'라고 생각한다고 하자. 그러면 다이아몬드가 있어야만 그에게 나의 정원은 아름답게 보일 것이다. 만약 다이아몬드를 찾지 못하면 나의 정원은 아무런 의미가 없다. 아름다운 꽃들이 향기를 뿜고 가지각색의 새들이 지저귀고 솔바람이 불어도 그에게는 아무런 의미 없는 정원이 되고 만다. '정원이라면 마땅히 다이아몬드가 있어야 한다.'는 편견 때문에 정원의 아름다움을 보지 못하는 것이다. 그런 사람은 자신의 편견으로 말미암아 참다운 의미를 놓칠 수밖에 없다.

탐구하려면 순수하게 하라. 고정관념을 갖지 말라. 마음을 비우고 열린 마음으로 가라. 그렇게 하면 삶의 의미를 하나만 찾는 것이 아니라 무수히 찾을 것이다. 그러면 모든 것들이 의미의 빛을 발할 것이다. 햇살 아래 빛나는 조약돌, 무지갯빛을 발하는 이슬방울, 바람에 춤을 추는 야생화……. 그대는 무슨 의미를 찾고 있는가?

미리 결론을 내리고 시작하지 말라. 미리 결론을 내리고 시작하면 출발부터 그릇될 수밖에 없다. 그래서 나는 거듭해서 이렇게 말한다.

"진리를 원하는 자는 지식을 놓고 갈지라."

지식적인 사람은 결코 진리를 찾을 수 없다. 왜냐하면 그의 지식이 방해하기 때문이다.

골드스타인은 연극을 보러 극장에 갈 때마다 항상 늦곤 했다. 그의 생일날, 아이들이 그에게 생일선물로 연극 티켓을 사주었다.

연극이 끝난 후, 아이들이 공연이 어땠는지 아버지에게 묻자 이렇게 대답하는 것이었다.

"뭐 그런 연극이 다 있니! 여자가 원하면 남자가 원하지 않고, 남자가 원하면 여자가 원하지 않고. 둘 다 서로 원할 때는 막이 내려버리고."

고정관념을 가지고 있으면 항상 고정관념에 맞는 것만을 찾게 된다. 그래서 고정관념으로 의미를 찾기 시작하면 마음이 좁아지고, 결국은 수많은 것들을 놓치게 된다.

삶의 의미는 창조를 통해 찾아야 한다. 미리 결론을 내리지 않고 찾아야 한다. 지식을 내려놓으면 갑자기 삶은 다채로운 빛깔을 띠기 시작한다. 형언할 수 없이 아름다운 빛깔을 띠기 시작한다. 그러나 경전과 책, 이론, 교리, 철학 등을 계속 가지고 다니면 그대는 그것들 속에 파묻히게 된다. 모든 것이 뒤죽박죽 잡탕이 되어 있다. 그래서 무엇이 무엇인지조차 분별하지 못한다.

그대의 마음은 뒤죽박죽이다. 그러니 깨끗이 청소를 하라! 빈 마음이 가장 좋은 마음이다. "빈 마음은 악마가 일하는 곳."이라고 말하는 자들이야 말로 악마의 부하들이다. 빈 마음은 그 어느 것보다 신에 가깝다. 빈 마음은 결코 악마가 일하는 곳이 아니다. 생각이 없는 사람에게 악마는 아무 일도 할 수 없다. 텅 빔 속에서 악마는 전적으로 무력하다. 악마에게는 텅 빔 속으로 가는 길이 존재하지 않는다.

그대의 마음속에는 너무나 많은 생각들이 뒤섞여 있다. 그 어느 것도 뚜렷하지 않다. 그대는 수많은 곳에서 수많은 것들을 들었다. 그래서 그대의 마음은 괴물이 되었다! 그대는 "잊지 마라."는 말을 수없이 듣고 산다. 그래서 기억해야 될 일들을 잊지 않으려고 애쓴다. 하지만 그것이 오히려 부담이 되어 진짜로 기억할 가치가 있는 일들을 잊어버린다. 그대는 많은 일들을 망각한다. 그리고 자기 멋대로 덧붙이고 색칠하고 상상한다.

미국에 간 영국인이 한 연회에 참석했는데, 거기서 사회자가 이렇게 건배하는 소리를 들었다.

"내 인생에서 최고의 순간은 다른 남자의 아내 품에서 보낸 시절, 그 사람은 바로 저의 어머니입니다!"

이 말을 들은 영국인은 이렇게 생각했다.

'야, 그거 좋다. 나도 영국에 가서 써먹어야겠다.'

그는 몇 주 후에 영국으로 돌아갔다. 어느 날 교회의 오찬에 참석했는데 거기서 건배를 선창해달라는 부탁을 받았다. 그래서 이 남자는 떠나갈 듯한 목소리로 많은 사람들을 향해 이렇게 외쳤다.

"내 인생에서 최고의 순간은 다른 남자의 아내 품에서 보낸 시절, 그 사람은 바로……."

한동안 긴 침묵이 흘렀다. 오찬에 모인 사람들은 남자를 무섭게 노려보기 시작했다.

옆에 앉아 있던 남자의 친구가 이렇게 일러주었다.

"빨리 말해!"

그러자 남자는 불쑥 이렇게 말했다.

"대단히 죄송합니다. 그 여자의 이름을 까먹었습니다."

이런 일이 벌어질 수 있다. 플라톤의 말로 기억했던 것을 노자의 말로 잘못 말할 수 있는 것이다. 그대는 예수의 말을 외우고 마호메트의 말을 외우고 수많은 것들을 머릿속에 담는다. 머릿속으로 들어간 많은 것들은 서로 뒤엉킨다. 그래서 그대는 자신의 말은 한마디도 하지 못한다. 그대는 자신의 말을 할 수 있어야 한다. 그렇지 않으면 삶의 의미를 놓치게 된다.

지식을 놓고 창조하라. 지식을 쌓는 사람은 창조의 필요성을 느끼지 못한다. 그저 같은 지식을 반복하기만 하면 되기 때문이다. 인간은 방관자의 상태로 전락했다. 인간은 아직도 이런 상태를 벗어나지 못하고 있다. 사람들은 신문을 읽고 성경을 읽고 코란과 기타를 읽는다. 그리고 극장에 가서 영화를 본다. 축구장에 가고 텔레비전을 보고 라디오를 듣고……. 이렇게 사람들은 창조의 활동에 직접 참여하지 않고 24시간 동안 관객의 역할만 한다. 다른 사람들이 하는 일을 지켜보기만 한다. 이렇게 해서는 삶의 참된 의미를 찾을 수 없다.

수많은 사람들이 사랑하는 것을 지켜보기만 해서는 결코 사랑을 알 수 없다. 다른 사람들의 행위를 지켜보기만 해서는 오르가슴을 알 수 없다. 그대는 직접 그 속으로 뛰어들어야 한다. 삶의 의미는 참여 속에서 나온다. 그러므로 삶 속으로 뛰어들라! 최선을 다해 전체적으로 깊게 참여하라. 참여를 위해 모든 것을 걸라. 춤을 알고 싶다면 구경하지 말고 직접 춤을 추라. 무엇을 알고 싶다면 그 속으로 뛰어들라! 이것이 삶을 배우는 참되고 바른 길이다. 올바른 길이다. 그렇게 살 때 그대는 삶 속에서 크나큰 의미를 찾을 것이다. 일차원적인 의미뿐 아니라 다차원적인 의미를 발견할 것이다. 의미의 단비를 맞을 것이다.

삶은 다차원적이어야 한다. 그럴 때만 의미가 빛을 발한다. 그대의 삶을 일차원적인 삶으로 만들지 말라. 어떤 사람은 엔지니어가 되어 모든 걸 다 했다고 생각한다. 그는 엔지니어와 그의 존재 전체를 동일시한다. 그래서 그의 인생은 순전히 엔지니어만의 삶이 된다. 무수히 많은 가능성들이 그의 앞에 놓여 있지만 그는 하나의 길만 간다. 그래서 그의 인생은 피곤하고 권태로운 것이 된다. 지치고 고달픈 것이 된다. 삶을 질질 끌고 간다. 저 앞에서 기다리는 것은 죽음뿐이다. 이런 사람에게 어떤 삶의 의미가 있을 수 있겠는가?

삶의 다양한 분야에 관심을 두라. 사업을 하는 사람은 항상 사업만 생각하지 말라. 때로는 놀 수도 있어야 한다. 의사든 엔지니어든, 교사든 교수든 어느 한 분야만을 하지 말라. 가능한 한 많은 분야를 시도하라. 카드를 치고 바이올린을 연주하고 노래를 부르고 사진을 찍고 시를 써보라. 가능한 한 삶 속에서 많은 일들을 찾아보라. 그렇게 할 때 삶은 한층 풍요로워질 것이다. 삶의 의미는 이 풍요로움의 부산물로 찾아온다.

나는 매우 의미심장한 소크라테스의 이야기를 들은 적이 있다.

감옥에서 죽음을 기다리고 있던 소크라테스에게 어떤 꿈이 나타나 계속 이렇게 이야기하는 것이었다.

"소크라테스여! 음악을 만들라!"

늙은 소크라테스는 철학을 통해 예술의 일을 했다고 생각했다. 하지만 꿈속에 나타난 신비의 목소리에 자극을 받아 우화들을 시로 바꾸고 아폴로에게 바치는 송가를 짓고 피리를 불었다.

죽음이 다가오자 철학과 음악이 하나 된 가운데 소크라테스는 예전에 느낄 수 없었던 지복으로 충만했다.

사실 그는 이전에 피리를 분 적이 없었다. 그런데 내면의 목소리가 자꾸만 "소크라테스여, 음악을 만들라."고 말하는 것이었다. 죽음을 목전에 둔 그에게는 전혀 이해할 수 없는 일이었다. 전에 피리를 불어본 적도 없고 음악을 만들어본 적도 없었다. 소크라테스의 존재 일부분이 억압되었던 것이다. 소크라테스와 같은 존재도 일차원적인 삶을 살았던 것이다. 소크라테스의 내면에 억압당했던 부분이 계속해서 외쳤다.

"논리는 그만하면 충분하다. 이제는 음악이다. 음악이 있어야 그대의 존재가 균형 잡힌다. 이제 철학은 그만하면 충분하다. 피리를 불어라."

내면의 목소리가 너무 강해 소크라테스는 그의 말에 따르지 않을 수 없었던 것이다.

그러자 소크라테스의 제자들이 당황하기 시작했다.

"대체 무슨 일입니까? 스승께서 피리를 불다니요?"

이것은 대단히 의미심장하다. 소크라테스는 음악을 해본 일이 없었기 때문에 그의 피리는 보잘것없었다. 그의 음악은 형편없었으나 그의 내면은 조화를 이루었다. 그는 난생 처음으로 자연스러워졌다. 난생 처음으로 철학이 아닌 무엇인가를 해냈다. 그렇지 않았다면 소크라테스는 단순한 철학자로 생을 마감했을 것이다.

일전에 나는 하시디즘Hasidism, 18세기 초 폴란드와 우크라이나 유대인 사이에 널리 전파된 성속일여(聖俗一如)의 신앙을 주장하는 종교적 혁신운동 _역주의 신비가, 바알 셈Baal shem의 이야기를 읽었다.

그날은 휴일이었다. 하시드Hasid들이 모여서 기도를 하고 스승의 법문을 듣고 있었다. 어떤 사람이 정신지체 아들을 데리고 왔다. 그는 아들이 말썽을 피울까 봐 노심초사했다. 그래서 아들에게서 눈을 뗄 수가 없었다.

기도가 끝나자 아들이 아버지에게 물었다.

"호각을 불어도 되나요?"

아버지가 말했다.

"그러면 안 된다. 네 호각 어디 있니?"

아버지는 아들이 말을 듣지 않을까 봐 걱정이 되었다. 아들이 호주머니에 있는 호각을 보여주자, 아버지는 아이의 호주머니에서 눈을 뗄 수가 없었다. 그리고 춤추는 시간이 되자 아버지는 아이의 호각을 잊어버리고 춤을 추기 시작했다. 하시드는 춤을 추고 삶을 기뻐하는 사람들이었다. 그들은 유대교의 정수였다.

모두가 신에게 기도를 하고 춤을 추자 아들은 더 이상 그대로 있을 수가 없었다. 그래서 호각을 꺼내어 불고 말았다. 그러자 모든 사람들이 깜짝 놀랐다!

하지만 바알 셈은 앞으로 나와 아이를 껴안고 말했다.

"우리의 기도가 들렸구나. 호각 소리가 없었다면 우리가 한 모든 일은 헛일이 되었을 게다. 너의 호각 소리야말로 여기에서 유일하게 자연스러운 일이었다. 다른 모든 것은 의식일 뿐이었어."

그대의 삶을 죽은 의식으로 만들지 말라. 순간을 살라. 말을 넘어가라. 때로 어떤 말도 붙일 수 없는 신비의 세계를 살라. 때로 사람들이 미쳤다고 하는 삶을 살라. 사실 완벽하게 제정신인 사람은 죽은 사람이다. 가끔 한 일에 미쳐볼 때 우리는 크나큰 기쁨을 얻을 수 있다. 계속 그대가 선택한 일에 미쳐보라. 그러면 그곳에서 삶의 의미를 발견할 것이다.